现代家庭
教育丛书

历代
良母教子经

赵忠心　编著

广西科学技术出版社

图书在版编目（CIP）数据

历代良母教子经 / 赵忠心编著. —南宁：广西科学技术出版社，2012.8（2020.6 重印）

（现代家庭教育丛书）

ISBN 978-7-80565-355-6

Ⅰ．①历… Ⅱ．①赵… Ⅲ．①家庭教育—通俗读物 Ⅳ．① G78-49

中国版本图书馆 CIP 数据核字（2012）第 192665 号

现代家庭教育丛书

历代良母教子经

LIDAI LIANGMU JIAOZI JING

赵忠心 编著

责任编辑	何杏华	**封面设计**	叁壹明道
责任校对	李文宇	**责任印制**	韦文印

出 版 人 卢培钊

出版发行 广西科学技术出版社

（南宁市东葛路 66 号　邮政编码 530023）

印　　刷 永清县晔盛亚胶印有限公司

（永清县工业区大良村西部　邮政编码 065600）

开　　本 700mm × 950mm　1/16

印　　张 13

字　　数 167 千字

版次印次 2020 年 6 月第 2 版第 6 次

书　　号 ISBN 978-7-80565-355-6

定　　价 25.80 元

前　言

赵忠心

　　当人们提到母亲时，往往冠之以"伟大"二字，称之为"伟大的母亲"。这毫无夸大其辞之意，它充分表达了后人对母亲的爱戴和崇敬。

　　母亲在人类社会生活中发挥了巨大的作用，有不朽的历史功绩。是母亲养育了我们每一个人，是母亲养育了中华民族，养育了整个人类。"伟大的母亲"这种誉称对她们来说是当之无愧的。

　　在远古社会，人们只"知其母，不知其父"，抚养、教育子女的任务完全由母亲来承担。进入文明社会以来，实行了一夫一妻制，抚养、教育子女的任务仍旧主要靠母亲负责。特别是在漫长的封建社会里，自给自足的自然经济形式，使家庭成员形成了"男耕女织"、"男治外，女治内"的分工，母亲在家里主持整个家务，自然就负起抚养、教育子女的责任。在现代社会，社会化的大生产逐步代替了自给自足的自然经济生产，打破了过去习惯性的"男外女内"的分工。如今，妇女虽然也外出就业，但还主要担负着抚养、教育子女的工作。

　　十月怀胎，母亲所付出的辛劳不用去说。当孩子呱呱坠地降临人世时，首先投入的是母亲的怀抱。在开始人生漫长的旅程中，是母亲用乳汁哺育了幼小的生灵，是母亲以特有的爱满足了小生命的精神需要，是母亲的精心照料使他们得以生存。就在母亲的怀抱里，孩子开始认识周围的世界，学会和人们进行感情交流。是母亲教孩子学说第一句话，也是母亲领着孩子迈开了第一步路……母亲教会了孩子无数个第一。她启迪了人们的智慧，引导人们进入了社会生活。古人说："蒙养通乎圣功。"人生早期的启蒙教育是一生成长的基础，这块基石是由母亲亲手奠定的。

在每个人的一生成长过程中，母亲对子女的态度，虽有的很好，有的不太好，但是子女最亲近、最依恋的还是母亲。因为母亲对于子女总是有一种特殊的感情，母爱是非常真挚、深沉的，是其他任何人的爱所不能比拟的。这一切，做子女的都有切身体验，一生都不会忘记。北齐思想家颜之推说："夫同言而信，信其所亲；同命而行，行其所服。"这是说，同样的话，人们是最信服关系亲近的人说的；同样的指令，人们首先服从关系亲近的人发出的。母亲的话，在子女心目中有很大的分量，再加上母性的情感更为丰富、真挚，感化作用也较大。因此，母亲在每个人的一生成长中所起的作用尤为重要。古今中外，概莫能外。

中国是一个具有悠久历史的文明古国，素有重视家庭教育的优良传统。在长期的实践中，人们积累了非常丰富的教育子女的经验。其中母亲教子成才的经验，尤为丰富，并且富有实践价值。从周朝开始，一直到民国年间，在我国浩如烟海的古代、近代、现代典籍中，记载了大量母亲教子成才的事迹，许许多多名臣重将、名人学者、革命领袖，诸如孟轲、田稷子、皇甫谧、李密、陶侃、元稹、欧阳修、程颢、程颐、岳飞、徐霞客、鲁迅、冼星海、茅盾、老舍、丁玲、周恩来、毛岸英等，全都是受益于母教，由母亲一手培养成才、成名的。这些母亲都有进步的教育思想，有新的教育观念，有正确的教育态度，有较为科学的教育方式。尤其可贵的是，她们都具有高尚的道德、情操，如忍辱负重、吃苦耐劳、勤勉俭朴、严于律己、宽以待人、不慕名贵、不贪钱财、清廉自守、克己让人、坚持正义、主持公道、诚实敦厚、不畏强暴、忠贞爱国等，这些中华民族的传统美德在她们身上得到了充分的体现。她们大都没有什么文化，识字的不多，她们讲不出成套的大道理，但她们身上有一种特别重要的内在的教育因素，那就是高尚的人格。她们是用自己高尚的人格，去影响子女，教育子女，培养子女成才、成名的。

古人说："人以铜为镜，可以正衣冠；以古人为镜，可以见兴替；以人为镜，可以知得失。"在今天的历史条件下，我们要把子女培养造就成才，当然要借鉴外国的成功经验，不断吸取现代教育科学理论；与此同时，对于我们前人教育子女的经验，也不能全部否定，不能对历史文化遗产采取历史虚无主义的态度，而应当坚持历史唯物主义的态度，要坚持古为今用的原则，总结、借鉴、吸取我国家庭教育传统中那些有积极意义的经验。这对于提高我们今天做父母的教育素质，改善家庭教育状况，提高家庭教育水平，是大有裨益的。

家庭教育有两个显著特点：一是民族性，二是继承性。所谓民族性，就是说不同民族的家庭教育都受本民族文化传统的制约、影响；所谓继承性，就是说家庭教育是一代一代地传下来的，后人的家庭教育往往是受前人家庭教育的影响。我们要加强和改善今天的家庭教育，把子女培养成社会所需要的人才，不能不研究、继承我国家庭教育的优良传统。鲁迅先生曾经说过："倘有人作一部历史，将中国历来教育儿童的方法、用书，作一个明确的记录，给人明白，我们的古人以至我们，是怎样被熏陶下来的，则其功德，当不在禹（虽然也许不过是一条虫）下。"研究过去人们教育子女的历史经验，是一件十分有益的事。

正是基于上述想法，我在研究中国家庭教育发展史的过程中，注意随手收集了一二百个母亲教子成才的故事，经过筛选，先整理出这 50 多个，奉献给今天的父母。

这个故事集所编选的范围较广。从时间跨度上看，是从西周、春秋、战国到民国年间，贯穿奴隶社会、封建社会、半封建半殖民地社会三个社会制度，历时 2600 多年。从教育对象上看，包括胎儿（胎教）、幼儿、儿童、少年、青年、壮年以至老年。从成才的情况看，有政治家、思想家、军事家、文学家、科学家、音乐家等。从教育内容上看，有教子以读书为学、道德品质修养、为人处世、从政为官、爱国抗敌、艺术创作等。这里说的"母亲"，主要是生身母亲，其中也包括祖母、婶母、婆母、姑母等。

这集子中的故事，情节曲折、语言生动、形象鲜明、亦庄亦谐、寓意深刻、感染力强，可供老、中、青父母阅读、借鉴，也可以供儿童、青少年作为加强自身修养的读物，还可以作为家庭教育研究者、指导者的参考资料。

由于我国古籍浩繁，又有许多典籍没有人注释，收集、整理起来难度相当大。限于时间和作者水平，书中定有不妥之处，希望得到专家和家长们的批评指正。

作 者

目　录

太任实行胎教 ……………………………………………… (1)

孟母择邻 …………………………………………………… (4)

东家杀猪 …………………………………………………… (8)

孟母断织 …………………………………………………… (11)

公正的婆母 ………………………………………………… (14)

教子戒轻狂 ………………………………………………… (17)

"你不是我的儿子" ………………………………………… (20)

怎样才算是真正爱孩子 …………………………………… (23)

继母一心 …………………………………………………… (27)

闵损母改讨 ………………………………………………… (30)

田母不受不义之财 ………………………………………… (33)

鲁国义姑 …………………………………………………… (36)

不以私爱废公义 …………………………………………… (38)

母智子必不愚 ……………………………………………… (41)

不可派赵括为将 …………………………………………… (45)

乳母舍身救公子 …………………………………………… (50)

师春姜教女 ………………………………………………… (53)

"非此母不生此子" ………………………………………… (56)

王陵母以死教子 …………………………………………… (59)

名寿不可兼得 ……………………………………………… (62)

赵苞母勉子抗敌 ……………………………… （65）

继母伴子求学 …………………………………… （68）

李穆姜尽母职 …………………………………… （71）

为儿做厚褥大被 ………………………………… （74）

泰瑛教子有法规 ………………………………… （77）

泰姬教男戒女 …………………………………… （80）

皇甫谧受教于姉母 ……………………………… （83）

"无祖母无以至今日" …………………………… （87）

陶母封鲊 ………………………………………… （91）

励子远征 ………………………………………… （94）

不孝之子悔过 …………………………………… （97）

女经学家宣文君 ………………………………… （99）

督子奉法持正 …………………………………… （102）

什么是好消息 …………………………………… （106）

虽死无怨 ………………………………………… （109）

为国家杀此贼 …………………………………… （112）

斥子残暴 ………………………………………… （115）

李畲母退廪米 …………………………………… （118）

长嫂为母 ………………………………………… （121）

元稹母教子 ……………………………………… （124）

卖手镯为儿买书 ………………………………… （127）

随子隐居 ………………………………………… （129）

《泷冈阡表》记事 ……………………………… （132）

"二程"先生母治家教子 ………………………… （137）

教子捐身报国 …………………………………… （141）

教子不就举 ……………………………………… （144）

勉子抗金 ………………………………………… （147）

岳母刺字 ………………………………………… （152）

高夫人教子 ……………………………………… （157）

远行冠 ……………………………………………（160）

启蒙老师 …………………………………………（164）

慈母兼父职 ………………………………………（168）

继母的愿望 ………………………………………（175）

真正的教师 ………………………………………（179）

为儿子的事业熬尽心血 …………………………（184）

无限的信任与支持 ………………………………（189）

妈妈和老师 ………………………………………（194）

太任实行胎教

中国古代，人们很重视对子女实施早期教育。提到早期教育，一般人们都以为是从孩子懂事的时候开始，或是在刚刚学会说话的时候，最早也不过是在孩子呱呱坠地降临人世的那个时候吧。其实不然。在孩子还没有出世时，我国古代的妇女就开始实施教育，即实行"胎教"。

所谓"胎教"，就是母亲在怀孕期间，注意自身的身体保健，精神调理，保持身体健康，精神愉快，以便通过母体给胎儿施以良好的影响，使胎儿健康正常发育，为孩子出生以后的生长发育打下良好的基础。

我国古代母亲实行胎教的实例，从有文字记载的，首推西周的奠基者姬昌的母亲，约在公元前 11 世纪。这比古希腊哲学家、思想家亚里士多德（公元前 384 年~公元前 322 年）提出胎教的主张要早 700 多年。

姬昌的母亲太任，商朝末年人。她是商朝贵族挚任氏之次女。周太王少子季历（一作王季、公季）继承王位后，娶太任为妃。

太任是一位品行端庄、性情温存的古代妇女，很注重自身的道德修养，处处严格要求自己，一言一行都恪守礼法。

太任怀孕之后，言行举止格外小心谨慎。她的眼睛从不看邪恶的事物，耳朵从不听淫乱的声音，说话态度和气，温文尔雅，从不说傲慢伤人的话语，以保持心境平静，情绪稳定。她认为这样做，对胎儿的生长发育很有好处，因此，从怀孕直到婴儿出生，她始终注意言行举止有法规，从不放任自己。

有一天，太任到户外散步，忽然觉得身体不适，以为是要解手，于

是急忙走到附近的猪圈旁，原来是孩子要出生。还未来得及回到卧室，孩子就在猪圈旁呱呱坠地了。这孩子就是姬昌——后来的周文王。

姬昌虽然出生在那样一个令人作呕的地方，但他非常聪明伶俐，智慧过人。小时候，母亲太任教他识字读书，他一听就懂，一学就会。甚至能举一反三，触类旁通，教他一件事，他能懂得一百件事，可谓"神童"。姬昌之所以如此聪明，当时人们认为是他母亲太任实行胎教的结果。

古代母亲实行胎教的讲究很多。据说，那时候妇女怀孕以后，都注意饮食起居、行动坐卧。睡觉时，不能侧身躺卧；坐着时，身子要端正；站立时，不能只靠一条腿支撑身子；吃饭时，不能食用有刺激性的食物。肉食切得不端正，不吃：座位摆放得不平稳，不坐；邪恶的事物，不看；淫乱的声音，不听。每天夜里，要默诵优美的诗歌，回味正理正道，以陶冶性情。古人认为，只要这样做了，就会"生子形容端正，才德必过人矣"。

用现代科学的眼光看，胎儿和母体的联系主要是生理上的联系，胎儿生长所需要的营养全部来自母体。母体的生理状态和胎儿的发育紧密联系，孕妇情绪上的变化，也能经过生理的途径影响胎儿。古代妇女实行胎教，要求孕妇在饮食、视听、起居、行动、情绪上注意克制、调节，在当时虽未懂得其中的科学依据，但已经能悟出这是有积极意义的，肯定对胎儿发育有好处。

实行胎教后，所生孩子也能相貌端正，才德过人吗？那倒不一定，因为一个人的才能品德是后天形成的。才德究竟如何，主要取决于后天的环境和教育。至于孩子的相貌如何，主要取决于遗传因素，这究竟和胎教有多大联系，到今天也很难说清楚。

不过，从古代妇女注意胎教的情形看，母亲在孩子出生之前就遵守一系列的禁戒，付出了很大代价，承担着养育子女的责任。可以想像，要把子女养育成人，做母亲的要花费多少的心血啊！

孟母择邻

孟子（约公元前 372 年～公元前 289 年），名轲，字子舆，战国时期邹（今山东邹县）人，是我国古代有名的思想家、政治家、教育家。他出生于鲁国的一个没落贵族家庭。曾受业于子思的门人，在儒学分化中，被称为思孟学派，代表孔门嫡系正传，是孔子学说的继承人，有"亚圣"之称。著作有《孟子》一书。

提到孟子一生的成就，人们自然会想到他的母亲仉（zhǎng）氏对他的培养教育。古代蒙养教材《三字经》中说到："昔孟母，择邻处；子不学，断机杼。"孟母仉氏在培养教育孟子的过程中，费尽心血，是家庭教育的有心人。自古以来，孟母教子的故事是有口皆碑，她被人们誉称为"母仪"（即母亲的榜样）。直到今天，孟母教子的故事仍在我国民间广为传颂。

孟母仉氏早年丧夫，孟子年仅 3 岁就成为孤儿。贤德通达的仉氏和孟子孤儿寡母相依为命，艰苦度日。她一方面承担着家庭的生活重担，帮人纺麻织布；一方面抚养教育孟子，要他用功读书，指望他日后成为一个有学问的人。但是，幼年时期的孟子，虽说性情活泼、开朗，可贪玩好闹，不愿受拘束，孟母没少为他操心。

起初，孟子的家住在郊外，靠近一个坟场。孟子小时候，经常和小孩子一块在坟场旁边玩耍。看到人们送葬、扫墓的情景，出于好模仿的天性，他就和其他小朋友学着样子，玩着抬棺材出殡、挖坟坑入殓、哭丧打幡那些事做游戏。孟母看见后，很是生气。觉得这个地方不利于孩子的成长，不可久居，于是决定搬家，离开这个地方。

孟子家搬到城镇街里，附近就是集市，是商人聚集的地方。孟子和小朋友经常到集市上去看热闹，看到人们做买卖搞交易，耳濡目染，就和其他小朋友学着大人的样子，做起买卖东西的游戏来。搬到这个地方居住，孟母又感到很失望，不禁感慨地说："这里也不是我们久居的地方啊！"决定再搬家。

这一次，从闹市区搬到一个学宫旁边。学宫，就是学校。在这里，孟子每天听到的是朗朗的读书声，看到的是举止文雅、彬彬有礼的读书人。在这样的环境影响下，孟子和小朋友就常常做一些讲究礼貌的游戏，变得比以前规矩多了。看到此情此景，孟母打心眼里高兴，很满意这个地方，兴奋地说："这才是我儿子可以长久居住的地方呢！"便决定在此处定居下来。

孟母在孩子教育上是个很有心计的人。为给孟子选择和创造一个有利于他成长的生活环境，不怕麻烦，不辞劳苦，竟三易其家，为世人所称道。

俗话说："近朱者赤，近墨者黑。""跟着好人学好人，跟着巫婆学跳神。"年幼的孩子，活泼好动，兴趣广泛，喜欢模仿，辨别能力又差，凡是有趣味的事他们都要跟着学。孟母仉氏发现了并且重视这样一个问题。在今天看来，孟母三次搬家，反映了她轻视体力劳动和劳动人民的思想，尽管如此，她重视社会环境、社会交往对子女的影响，还是难能可贵的，这对今天的父母也有深刻的教益。

孟子成年之后，成为一位教育家，他也很重视环境对人的影响作用。孟子曾对宋国的大夫戴不胜讲过这样一件事：

有一次，一位楚国大夫找到孟子，说他打算让其儿子学习齐语。他问孟子："您看是要齐国人教我儿子，还是由楚国人教我儿子呢？"孟子告诉他："当然由齐国人教好，而且最好把你的儿子送到齐国去。因为你把齐国的老师请到你们楚国去教，一个齐国教师教你儿子学齐语，可周围都是楚国人，平时许多楚国人与他讲楚语，就是你天天打他、罚他，要他学好齐语也是不可能的。如果你把儿子送到齐国的'庄岳'去，那

里是齐人聚居的地方，连续生活几年。他每天接触的都是齐国人，不学会说齐语他就没有办法正常生活。那时就是天天打他、罚他，强迫他说楚语，那也是不可能的了。"

孟子对环境影响的重视，恐怕与他母亲对他的影响分不开。

东家杀猪

古代儒家典籍《礼记·曲礼上》说："幼子常视勿诳。""诳"就是骗人的话。这句话的意思是说，幼小的孩子同父母朝夕相处，一言一行、一举一动都是跟着父母学的。做父母的言行举止都要十分谨慎，不可轻易言而无信，欺骗孩子。孟母教育孟子时，非常注意这一点。

孟子小时候，一天和小朋友玩耍时，看到东邻家正在杀猪。他赶忙跑回家问母亲。

"妈妈，妈妈，您听，咱们东邻家正在杀猪。他们杀猪干什么？"

孟母正在忙家务活，对孟子提出的问题未多加思索，信口便说：

"杀猪干什么？杀猪给你吃肉呀！"

孟子信以为真，非常高兴，连蹦带跳地又跑去看杀猪。

话刚说出口，孟母又自觉失言，十分后悔。她自言自语地说：

"你看我这个当母亲的，真是……自打我怀着他的时候，就注意实行胎教，按照历来对孕妇的要求，处处约束自己，座位放得不平稳，我不坐；肉食切得不端正，我不吃。一心盼望能生一个才德过人的孩子。为此，我付出了多大的代价呀。而今，在他刚刚懂事的时候，我就欺骗孩子，这不明明白白是跟孩子撒谎，教他不诚实吗？怎么办呢……"

孟母终于想明白了：言必信，行必果。她放下手中的活计，从东邻人家那里买来猪肉，煮好给孟子吃，以表明母亲不是欺骗他。

在家庭日常的生活中，家长随便对孩子说了一句什么话，或许诺了一件什么事，可能只是为摆脱孩子一时的纠缠，并不打算兑现。可孩子

却是出于对家长的信任，并没有忘记，记得牢牢的。如果家长缺乏教育观念，言而无信，说了不算数，就会失去孩子的信任，不仅如此，还会使孩子学会撒谎。孟母信口说出"杀猪给你吃肉"这句话以后，立刻意识到"不兑现"的严重后果，深感内疚，并且认真兑现了自己的许诺，避免了不良影响。孟母如此小心翼翼地教育孟子，为孟子以后的成长打下了良好的基础。

孟母断织

　　为把孟子培养成才，孟母不辞劳苦，昼夜纺麻织布。当孟子年龄稍大一点，就送他进学宫读书。但孟子并不理解母亲的一片苦心，没有一心扑在读书学习上，缺乏毅力、恒心，满足于一知半解，还常常逃学。

　　平时，孟子放学回家，孟母就把他叫到织布机旁，一边织布，一边听孟子读书。如果孟子偷懒，停止了读书，孟母也就停止织布，以织布比喻学习，教育他学习要有毅力，要持之以恒。

　　有一次，还没有到放学的时候，孟子就背着书包跑回家来了。这时孟母正在扶机织布，见孟子中途辍学，诧异地问道：

　　"你已经学得很好了吗？"

　　孟子回答说：

　　"没有。还是原来那个样子。"

　　孟母听了非常生气，当即拿起剪刀，一下子就剪断了织布机上的布。孟子有些害怕了，连忙跪着问母亲：

　　"妈妈，您怎么把布给剪断了？"

　　孟母按捺着内心的气愤，意味深长地说：

　　"孩子，你读书犹如我织布一样，累丝成寸，累寸成尺，累尺成丈成匹，这样才能成为有用之物。学问也必须累年累月，持之以恒。只有不懈地努力，学问才能积少成多，以后做事才能顺利，才能有所成就，避免灾祸。今天你弃学而归，偷懒厌学，就等于前功尽弃，将来能有什么作为？这就好像我们是依靠纺麻织布维持生活，现在我把织布机上的布

剪断了，不再织了，那么，我们母子两人吃饭穿衣的经济来源也就断绝了。你若不好好读书学习，就可能会沦为盗贼！"

孟子听了母亲严肃的批评和谆谆教诲，思想上受到了很大震动，非常懊悔自己犯了错误，也深深地体会到母亲的殷切期望。他暗下决心，一定要好好读书。从那以后，孟子夜以继日地刻苦攻读，再也不敢懈怠。后来，他从师于孔子的孙子子思的门下，终于成为著名的儒家学者。

孟母不仅以身作则严于律己，重视孟子的道德品质教育，还非常关心他的读书学习。当她发现孟子学习不用心，还逃学，尽管很生气，但没有采取打骂等简单粗暴的办法。而是极力克制着自己的冲动，以剪断织布机上的布比喻读书学习，"寓教于喻"。这种教育方法，生动形象，符合儿童的年龄特征，易于为孩子所理解和接受，能给人以深刻的教育，表现了孟母高超的教育艺术，值得今天的家长们效仿。

公正的婆母

北齐思想家、教育家颜之推，在他的家庭教育专著《颜氏家训》一书中说过这样一句话："妇人之性，率宠子婿而虐儿妇。"是说自古以来，一般做母亲的往往对女婿偏宠，而对儿媳妇却常常是虐待。这是男尊女卑的世俗偏见。而孟母——孟子的母亲，在做了婆母以后，却是不为世俗偏见所束缚，在儿子和儿媳之间的是非曲直面前，不偏私，不护短，主持公道，很是开明。

一天，孟子的妻子独自在自己的卧室里，两腿盘坐着。在古时候，这种坐姿要是被别人看到，是很不礼貌的事。孟子一推门进卧室，一眼看到妻子正那样坐着，就很不高兴，把门一关，扭头就走了。

孟子是儒家学者，很注重礼仪，又有严重的"男尊女卑"的思想。他认为，当丈夫进入卧室时，妻子必须站起来迎接、请安。而他的妻子呢，对他很不尊重，当孟子入卧室时，却是盘腿而坐，这可把孟子气炸了肺。

孟子气呼呼地到母亲那里告状说：

"这女人真没教养，连起码的礼仪都不懂。请求母亲把她遣走！"

母亲不解，问孟子：

"这是怎么回事呢？"

孟子说："我回到卧室里，那女人不站起来迎接我，向我请安，却在那里大模大样地盘腿而坐，太不成体统！"

孟母想：儿媳不是没有教养的人呀。于是问道：

"你进门前打招呼了吗？"

孟子回答说：

"没有。"

经过这样详细盘问，孟母一切都明白了。她毫不客气地批评孟子说：

"自古以来的礼节都是进入家门以前，首先问谁在家里，以表示对人的尊敬；将要走上厅堂时，一定要提高声音打招呼，以便让人家有所准

备；将要进入房门时，眼睛一定要向下看，不要东张西望，免得看到不该看到的事。不能在人家没有准备的时候，不打招呼，突然闯到别人的家里或房屋内。

"今天，你事先没打招呼，媳妇不知道你进入卧室，还没来得及站起来迎接、请安。不是媳妇对你没有礼貌，而是你对媳妇没礼貌，你不首先检讨自己的无礼，反而责怪别人，这是没有道理的！"

孟母一番话，持之有故，言之成理，孟子听了，气消了一半，深深地责备自己，再也不敢坚持要把妻子遣走了。

这个故事也在民间流传很久，后人称赞孟母通情达礼，深深懂得怎样做婆母的道理。

在今天的社会里，处事公正的婆母到处可以看到。但在古代社会，像孟母这样公正的婆母却并不多见。因为那时候，公公、婆婆、丈夫是媳妇头上的"天"，在媳妇面前有极大的权力和绝对的权威；而媳妇呢，家庭地位极低，不能"违戾是非，争分曲直"，只有"曲从"才是美德。所以，古代社会家庭中的媳妇常常受到不公正的待遇乃至虐待。后人称赞孟母深明做婆母的道理，反映了孟母的高尚情操。

教子戒轻狂

春秋战国时期，鲁国大夫穆伯和营地（今山东莒县）女子敬姜结了婚。不久，生了一个儿子，取名文伯。不幸的是，穆伯年纪轻轻就死掉了，抚育儿子的重担就落在敬姜一人身上。

文伯在母亲的抚育下，渐渐长大，几年后又到外地就学。

有一次，文伯归来看望母亲。文伯日渐长高，俨然像个大人了。见文伯归来，母亲喜出望外，跟随文伯一起回家的，还有他的一群小伙伴。这些小伙伴对文伯毕恭毕敬，言听计从。文伯走进家门时，他们都乖乖地跟随在后边，像一条大尾巴；文伯上台阶，他们都不敢和文伯并肩同行，总是尾随在后；文伯外出，他们都是前呼后拥。文伯见小伙伴如此听话，恭维自己，洋洋得意，自以为很了不起。

敬姜看在眼里，感到太不像话。于是她把文伯叫到跟前，教训道："你太傲慢了，太不懂得事理！过去周武王上朝归来，要换鞋袜，环顾左右，看没有人帮忙，都能自己动手脱鞋袜，所以他能成就大业。齐桓公身边有四五位进谏大臣，每天上朝提建议、批评的有 30 人之多，因此他为发展齐国做出了重大贡献。周公为不失去天下贤人，广揽人才，整天为国事操心忙碌，有时一顿饭，中间要停下三次，去会见臣子；有时洗澡，中断三次去接待进谏者。在他身边，能够经常开诚布公地向他进谏的人达 70 多人。因此，周朝延续几百年不衰。这三位圣贤都是一国之君王，尚且都能做到尊重别人。你小小年纪，地位如此低下，却让你的伙伴以兄长之礼对待你，你还以此为骄傲。如若这样下去，你肯定不会有

什么作为!"

　　文伯听了母亲的训诫,深受教育,马上向伙伴们赔礼道歉,并对自己的过错做了自我批评。

　　后来,文伯继续外出求学,牢牢记取母亲的话,所拜的老师都是很严厉的,所结交的朋友都是贤良的,受益匪浅。经过努力,他学问渐深,品德渐好,很受人尊敬。他所游历到的地方,不管是白发苍苍的老者,还是牙齿没有长齐的小孩,他都以礼相待。敬姜得知儿子学问、品德都有长足的进步,高兴地说:"吾儿知错就改,将来一定能成为有作为的人。"

文伯长大做官以后，一天退朝回家，看见母亲正在纺线，他对母亲说："我家是鲁国之大户，我也已经做了官，您还纺什么线！难道我还供养不起您吗？您也不怕为我和同家族的人丢脸？"

敬姜听了儿子的话，虽然很生气，但还是耐心地给他讲道理："人只有经常劳动，才能保持善良的本色；如果不劳动，贪图安逸，坐享其成，就容易滋长邪恶的念头。你父亲已去世，留下我这一妇人，你又在朝为官，掌握一定的权力，每天要处理许多公务。我生怕你忘记了祖父辈的做人之道。如果一个人变得懒惰，就会丧失善良之心，必定招来祸灾。"文伯听了母亲这样一番意味深长的教诲，深深自责：我一个读过书的人，还不如不识字的母亲有见地。在母亲的教导下，文伯为官兢兢业业，忠于职守，很受人们的称赞。

"你不是我的儿子"

当儿子为国家出征打了大胜仗的消息传到母亲耳朵里的时候，哪一个母亲不喜出望外，不为有一个英勇善战、为国立功的儿子感到莫大的欣慰？可是，我国古代确实有这样一个母亲，在儿子带兵出征打了大胜仗，班师回朝以后，却将儿子拒之门外，不许他回家。

春秋时期，有一次，楚国大将子发奉命率兵同秦国作战。经过一段时间的激战，前线的楚军粮草断绝，形势很危急。子发派人星夜兼程赶回楚国，向楚王告急，请求火速增援粮草。

子发派回求援的使者办完公事重返前线时，到子发的府上探望子发的母亲。

子发的母亲得知前线粮草断绝，十分关切地问使者：

"前线的士兵们还都好吗？"

使者说：

"我回来的时候，军队里就有一些豆子，每个士兵还都能分到一点吃。"

"你们的将军（指子发）身体可好？"母亲又问。

使者说：

"请您老人家放心，将军身体很好。我们的将军每顿饭都有细粮和肉食吃。"

子发的母亲听了使者的这番话，很生气："这太不像话了！"

几天以后，子发率领楚军打败秦军，凯旋归来，国人欢迎，楚王嘉

奖。子发的母亲却把家门紧闭，将子发拒之于门外，不许他回家。子发感到莫名其妙："我打了大胜仗，为国建立了功勋，从前线风尘仆仆地回来，母亲为什么不让我进家门呢？我有什么过错呢？"

经过再三请求，子发母亲走出门外，严厉地训斥道：

"你听说过越王勾践讨伐吴国的事吗？在越王勾践讨伐吴国的战场上，有人献给越王一罐美酒，他没有独自享用，而是派人把那一罐酒倒在江水的上游，同士兵们一起饮用下游的江水。虽然每个士兵并没有尝到多少酒味，但士兵们的战斗力却一下子提高了五倍。过了几天，又有人献给越王一口袋干粮，越王也没有独自享用，又分给士兵们吃。虽然士兵们并没有吃饱肚子，可每个士兵的战斗力却又提高了十倍！

"子发，你身为统兵将领，在粮草几乎断绝的时候，士兵们每人只能分到一点点豆粒吃，而你自己却是每顿饭都吃细粮肉食。这是什么道理？

"在战斗中遇到困难的时候，你差不多快要使士兵陷于死地，而你却只顾自己享受。像你这样的将领，虽然打了胜仗，这也是偶然的，并不都是你的功劳。你的所作所为，哪里还像个统兵将领！你不是我的儿子，也不要进我的家门！"说完，母亲又把大门关上。

母亲严厉的批评，谆谆的教诲，使子发感到非常悔恨，他连忙跪下认罪，请求母亲饶恕，表示要永远把母亲的批评教诲铭记在心，坚决改正自己的过错，以后要和士兵同甘苦，共患难，为国家再立新功。

子发母看儿子态度很诚恳，确有悔改之意，才打开大门，让子发进了家。

儿子为国出生入死立下战功，本来是母亲高兴的事。而子发的母亲，更是重视儿子的处世为人。她深知，军队的战斗力在于士兵，作为统兵将领，只有同士兵同甘苦共命运，才能极大地激发士兵高昂的战斗意志。像这样的母亲，如此严格要求儿子，怎么不令人敬佩呢？

怎样才算是真正爱孩子

　　疼爱自己的孩子，这是人之常情。但是，究竟怎样爱才是真正的爱、有益的爱，许多父母并不真正懂得。古代"触龙说赵太后"的故事，记载了战国时期赵国左师触龙说服赵太后送小儿子长安君做人质的过程，使赵太后懂得了什么是对儿子的真正的爱的道理，读起来耐人寻味。

　　公元前265年，正是战国时期。秦国发兵攻打赵国，一连打下了3座城堡，形势非常紧急。赵国派人向齐国求救，齐国表示：赵国必须送赵太后最小的儿子长安君来做人质，齐国才能派兵援救。当时各诸侯国之间结盟，往往把自己的子弟交给对方做抵押，以取得信任。

　　此时，赵惠文王刚刚死去不久，由其子孝成王继承王位。孝成王年幼，赵国实际上由孝成王的母亲赵太后执政。齐国提出要赵太后的小儿子去做人质，赵太后舍不得。许多大臣多次向赵太后进谏，都碰了钉子。最后，赵太后下令说："从今以后，再有人劝我送小儿子去齐国做人质，我老妇就要吐他一脸唾沫！"

　　赵国左师触龙请求见赵太后。赵太后知道他也是来劝说的，憋着鼓鼓的一肚子气等他进来。

　　触龙慢步走上殿来，到了赵太后面前，首先谢罪说："老臣脚上有毛病，难以走路，好久没有来拜见太后了，万望恕罪。"然后，同赵太后说了一些问候的话，等赵太后的情绪稍稍有些平静，触龙首先试着谈他的私事。

　　他说：

"太后陛下，我家有一个小儿子叫舒棋，很不成才。可是，我的年纪已经很老了，又很喜欢他。我今天上殿来，是恳求太后能赐他当您的一个卫士，以保卫王宫。我这是冒着死罪提出这个请求的，望太后恩典。"

赵太后一听是有私事相求，于是平静地说："好哇。你的小儿子有多大年纪了？"

触龙说："有 15 岁了。虽然他的年纪还小一些，可我希望趁自己未离开人世之前，把小儿子的事情托给赵太后。这样，我也就没有什么牵挂的了。"

赵太后问："你们男人也是这样喜欢孩子吗？"

触龙说："当然，我们男人爱孩子的程度甚至要超过妇人。"

赵太后微笑着说："哪里，还是妇人更爱孩子。"

触龙看赵太后的情绪完全平静下来，便因势引出她的小儿子，说："恕我冒昧，我以为太后爱女儿甚于爱小儿子长安君。"

太后说："你错了。我还是更爱我的小儿子。"

触龙说："做父母的爱子女，应当为他们做长远打算。我记得，太后当年送女儿出嫁到燕国做王后的时候，您抓住她的脚后跟伤心地哭泣，那是因为舍不得让她远离您，总是不放心。女儿走了以后，您也不是不想她。因为，您每次祭祀的时候，总是祷告：'千万可别让她被赶回国！'遥祝她在异国一切顺利，希望她在燕国久居，生子育孙，世代为王。这难道不是在替燕后作长远打算吗？"

赵太后说："是的。"

触龙问太后道：

"从孝成王以前三代赵肃侯，上推到赵烈侯开始建立赵国时，赵国历代君主的子孙被封侯爵的，到现在还有几个继续保持着他们的爵位呢？"

赵太后说："一个也没有了。"

触龙又问道："不但只是赵国，其他各国诸侯的子孙被封侯的，他们的后代还有几个继承他们的爵位的呢？"

赵太后说："我从来没有听说过还有。"

触龙借机对赵太后说：

"这就是说，祸患近一些的，轮到自己身上；远一点的，就轮到子孙身上。这难道说王侯家的所有子孙统统都是不好的吗？不是。实在是因为他们地位尊贵，却毫无建树，毫无功劳；他们俸禄丰厚，却没有做出什么贡献。今天，太后给了长安君以尊贵的位置，很大的权力，封给他大片肥美的土地，赏给他很多金银财宝，而又不趁现在叫他为国家建立一点功劳，这并不是真正爱你的小儿子。万望恕我直言，将来太后百年之后，长安君靠什么在赵国站得住脚呢？我以为太后为您的小儿子长安君打算得眼光太短浅，所以，我觉得您爱小儿子长安君，还不如爱女儿燕后呢？"

触龙用委婉曲折、由侧面到反面、层层比较、逐步深入的方式，把问题分析得非常透彻。赵太后听了，觉得触龙说的极是，很有道理。于是，她心服口服地对触龙说："你说得很对！这事就请你去办理吧。"

触龙说服了赵太后，立即令人为长安君准备了100辆马车，送他到齐国去做人质。齐国很快出兵，将秦兵打退，挽救了赵国。

韩非曾经说过："人之情性莫爱于父母。"是说人们的情感没有能超过父母对子女之爱的了。特别是对于最小的孩子，更是倍加疼爱。齐国提出要以赵太后心爱的小儿子长安君做人质，才能出兵救援，是对赵太后的严峻考验。赵太后一时难以接受，是可以理解的。然而，在左师触龙的耐心说服下，赵太后终于明白了怎样才是真正地爱自己的小儿子，忍痛地把小儿子送去做人质。使长安君经受了考验，为保卫国家建立了功勋，做出了贡献。

"父母之爱子，则为之计深远"的道理，是十分深刻的。今天做父母的应当从中得到启示。若给子孙留下大量的遗产，只是为他们安排舒适的生活环境，使他们躺在父辈的功劳簿上坐享其成，靠父祖的荫庇过生活，不是真正的爱护。他们也不会有什么作为，在社会上不会站住脚。对子女真正的爱护，必须从小就让孩子在风风雨雨中去摔打锻炼，去经受各种考验，使之在复杂的社会生活中和痛苦的磨炼中增长才干，坚强意志。教育子女也要有远见卓识，不能只求满足子女当前的利益和需要。从小被父母溺爱娇惯的孩子，长大以后绝对不会有什么出息。

继母一心

人们常说：继母难当。之所以难当，主要"难"在取得丈夫前妻留下的孩子的信任和爱戴。但是，也并不是绝对办不到的事。只要继母真诚地爱护他们，是完全可以逐步建立深厚感情的。不过，要真正取得孩子的信任和爱戴，的确也不是一件轻而易举的事。

战国时期，齐国孟阳氏的女儿丧夫，留下 3 个孩子。齐人芒卯丧妻，留下 5 个孩子。后来，芒卯和孟阳氏的女儿结为夫妻，8 个孩子全由芒卯妻——孟阳氏的女儿一手抚养。抚养 8 个异父、异母的孩子，这对芒卯妻来说，确是一件不容易的事。

按理说，芒卯前妻留下的 5 个遗孤，有继母照顾，生活有了着落，芒卯也解除了后顾之忧，可以安心地在外做事。然而，事情并不像我们想像的那样顺利，那 5 个孩子都不太喜欢继母。对此，继母并不介意，她主动接近他们，关心他们，像对待自己的亲生孩子一样去抚爱他们。但是，他们还是不爱继母。

继母并没有因此而灰心。有一天，她把自己亲生的 3 个孩子叫到跟前，对他们说："你们那兄弟姐妹 5 个没有了亲妈妈，心里很难过、很痛苦，以后，我们要在生活上多多关心照顾他们，你们可不能说三道四，不要计较。好吗？"孩子们都很懂事，理解母亲的心意，纷纷点头答应。

从那以后，继母从各方面特殊照顾那 5 个孩子，有了好吃的先给他们吃，有了好的衣服先给他们穿，兄弟姐妹之间发生了矛盾，总是先批评自己亲生的孩子，就是这样，那兄弟姐妹 5 个，还是不太喜欢、不太信任继母。

有一次，芒卯前妻的一个孩子触犯了魏王的法令，被魏国关押起来，要治以死刑。继母非常焦急，顾不上吃饭睡觉，成天东奔西忙，四处托人取保，千方百计一心要搭救那个违法的儿子。

邻居们都知道芒卯前妻留下的那 5 个孩子不怎么喜欢他们的继母，不听话，也不尊敬她。看到继母如此一心要搭救那孩子，很不理解，有人就对芒卯的后妻说："既然芒卯前妻的孩子都那样地不喜欢你、不尊敬你，把你当外人，你何必为他们的死活瞎忙乎呢?"

芒卯后妻说：

"假如我的亲生儿女平时不喜欢我、不尊重我，一旦他们遇上了灾祸，我管不管呢? 我肯定要管，一定要想方设法解除他们的灾祸。唯独芒卯前妻留下的孩子有了灾祸，我不闻不问，置之不理，这同那些平平庸庸的母亲有什么两样呢!

"他们的父亲把我娶过来，要我做他们的继母。继母也是母亲呀。做孩子的母亲，不是真心爱他们，怎么能称得上是慈母呢? 做继母的，只是偏爱自己的亲生儿女，而疏远那不是亲生的儿女，那怎么说是懂得义理呢? 对儿女不慈爱，对亲生非亲生儿女有亲有疏，不一视同仁，就是背弃了义理，这怎么能在社会上站得住脚呢?

"这些孩子虽然还不喜欢我、不尊敬我，但我作为母亲，绝不能忘记做母亲的义理。"

这位继母一心要搭救丈夫前妻留下的违法的儿子，此事为魏安釐王得知。魏安釐王高度赞赏这位深明大义的母亲，对官员们说："作为继母，能如此懂得义理，我们还有什么理由不解救她的儿子呢!"魏安釐王当即下令，赦免她儿子的罪过，释放回家。

经过继母的努力，违法的儿子同其他兄弟姐妹重新团聚，那 5 个孩子深受感动，从内心爱戴母亲。从那以后，8 个孩子都像一母所生的亲骨肉，母子之间亲密无间。在这位母亲的精心培养教育下，8 个孩子都很有出息，都成为有用的人才，谁见了都称赞他们的母亲。

当孩子们失去母亲，失去母爱以后，性格往往变得孤僻，对周围的

人都有一种防范、敌视的心理。不信任继母的现象，是常常看到的。作为继母，要深深地理解失去母亲的孩子的苦痛，同情他们，主动亲近他们，用生身母亲那样的慈母之心，去填补他们失去的母爱，去温暖他们的心灵。这位古代的继母，以真挚的母爱去感化丈夫前妻的孩子，花费了极大的心血，终于取得了他们的由衷的信任。这确实是一位了不起的母亲。

从这个故事中，我们也可以体会到，只有真心爱孩子，孩子也会体验到真诚的母爱，孩子才有可能接受母亲的教诲，母亲才会真正掌握教育子女的主动权。

闵损母改过

孔子曾经说过："人非圣贤，孰能无过？"做母亲的难免有这样或那样的过错。有过错不怕，只要改正了，还是一个好母亲，还会受到子女的尊敬，子女也会接受教育。非常难能可贵的是，过去曾有一位接受儿子的教育而改过的母亲。

春秋时期，鲁国有一个人叫闵损，字子骞。他是孔子的弟子，比孔子小 15 岁，其品德行为颇受老师孔子的称赞。

闵损早年丧母，继母对他不好，常常虐待他。在严寒的冬天，那继母所生的两个小儿子，穿的都是厚厚的棉絮衣，暖暖和和的；而给闵损穿的呢，却是芦花絮的棉衣。表面看也挺厚的，可是并不能御寒。这一切，继母是背着闵损的父亲做的。闵损的父亲，也是个糊涂人，一无所知。

有一次，闵损的父亲外出办事，他们兄弟 3 人为父亲拉车。北风呼啸，天寒地冻。一路上，他的两个弟弟面色红润，紧紧拉住绳子，拉得很有力；而闵损呢，总是浑身发抖，面色灰白，连绳子都拉不紧。看到这种情况，父亲非常生气，以为闵损是在偷懒，就扬起鞭子狠狠地抽打他，他忍痛不语。鞭子抽破了闵损的棉衣，芦花飞了出来。父亲很奇怪，下车摸摸闵损的棉衣，又摸了摸两个弟弟的棉衣，这才恍然大悟，原来闵损的棉衣絮的不是棉花，是儿子受了委屈。父亲非常气愤，马上调头回去，回到家对妻子大发雷霆："好哇！你竟背着我干这种事，你给我滚！"

看父亲要把母亲休掉，闵损急了，连忙跪在父亲面前哀求说：

"父亲，您可别这样。有母亲在，只有我一个人受冻，那两个弟弟身上还是暖和的。父亲，您有一个寒子就这样心疼，如果母亲离去，我们兄弟3个人都很孤单，您将会有3个寒子！那您还受得了吗?"父亲见他说的话婉转而合乎情理，深受感动，于是就打消了休妻的念头。

继母站在一旁听了儿子闵损的话，非常惭愧。面对这样一个知情达理而又善良的儿子，母亲痛感虐待闵损是不仁不义的事，诚恳地向丈夫认了错，并对儿子闵损说："我的好儿子，是母亲不对，让你受委屈了，

我对不起你死去的生身母亲。"说着，便一把抱住闵损痛心地失声哭了起来。从此以后，她痛改前非，待闵损和亲生儿子一样，处处关心、体贴、照顾他。闵损也更加尊敬母亲。

闵损的老师孔子曾经称赞他说："孝哉闵子骞，人不闲于其父母昆弟之言!"这是说，闵子骞上事父母，下顺兄弟，一举一动，莫不尽善尽美，所以，在这些方面旁人没有讲他闲话的。他能以诚孝之心感动其继母，使其弃恶从善，这不是偶然的，值得称道。

闵损之继母，过去虽有不善之举，但能接受儿子的感化，认识后能改正错误，这也不能不说是一种美德。

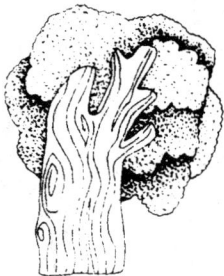

田母不受不义之财

　　儿女长大成人以后，父母还能不能管？还管得了管不了？许多做父母的往往做出否定的回答：儿大不由娘，管不了了。事实并非都如此。

　　战国时期，齐国国君齐宣王（即田辟疆）在位时，曾任命田稷子（又名田子）为宰相。田稷子任职满三年退休回家时，随身带回黄金两千两，奉献给他的老母，以示尽孝。

　　田母看到儿子带回这么多黄金，感到很惊讶，连忙问道：

　　"你这是从哪里得来这么多的黄金？"

　　田稷子回答说：

　　"这是我做官所得的俸禄。"

　　田母对此将信将疑。于是，便进一步追问道：

　　"你做宰相3年了，过去每次回家带回的俸禄，可从来没有这么多呀。难道你为官时不吃饭不穿衣，没有别的花费吗？你是不是有愧于一个正人君子的德行？你如实说，这笔钱财究竟是从哪里来的？"

　　看到母亲那样一再追问，田稷子觉得实在瞒不过去，只好如实承认道：

　　"这是下级官吏给我的贿赂。"

　　田家虽为国君宗室，可历来不依仗权势巧取豪夺。田稷子败坏门风，贪污受贿，田母非常气愤。她对田稷子说：

　　"我听说，读书之人应当有高尚的道德修养，行为要端正纯洁，不能随便拿不应得的钱财，做事情要尽自己的努力，不能投机取巧，不能欺骗别人。不义之事，不要去想；不义之财，不能带回自己的家。要言行

33

一致，表里相符。

　　"现在，齐王封你做这么大的官，给你的俸禄也很优厚，你就理应努力把国家的事办好，尽职尽责。你作为一个大臣，辅佐齐王治理国家大事，本应把所有的才能和智慧都拿出来，忠于职守，至死不变，廉洁奉公，处事公正。只有这样做，办事才会顺利，自己也免于灾祸。而今，你的所作所为，与此正好相反，离一个忠臣的标准差太远了！

　　"作为大臣而不忠，这和做儿子的不孝一样。你拿回的这些不义之财，我不能收；不孝的儿子，我也不要！"

　　母亲的教诲，使田稷子幡然醒悟，他感到万分惭愧，连连说："儿有罪，儿有罪。"当即把受贿的全部钱财，如数退还，并主动到齐宣王那里请罪，表示情愿接受任何惩处。

　　齐宣王听说田母严厉批评田稷子的事，对田母严于教子，廉洁奉公，大加赞赏。鉴于田稷子能接受母亲教育，主动自首，决定赦免田稷子的罪过，并再次任命他做宰相，继续辅佐朝政。为表彰田母深明大义，对其给予物质奖励。

　　田稷子在任宰相期间，依仗自己的权势，接受下级官吏的重金贿赂，拿不义之财去孝敬母亲，不但没有博得母亲的欢心，反而遭到严厉的批评和斥责，这充分表现了田母正直清廉的高尚品质。古人说："君子不饮盗泉之水，不食嗟来之食。"中华民族的传统美德，在这位古代母亲身上得到充分体现。这样的母亲，值得今人学习。

　　田稷子作为国君的宰相，其位之高是居一人之下，万人之上，有相当大的权力。然而，田母并没有因为儿子是高官，而放弃对他的教育，对他的严重错误不姑息袒护，而是义正辞严地批评谴责，经过田母的批评教育，田稷子终于承认了自己的罪过。这不仅表现了田母对子女负责到底的精神，还使我们认识到：子女长大成人以后不但还需要管，而且也管得了。常言说：打铁先要自身硬。只要做父母的言行端正，以身作则，表里如一，子女长大了，也有教育的主动权。

　　当然，应当指出：田母在教育儿子时，所讲到的要做忠于君主的"忠臣"，完全是封建统治阶级的道德观念，我们要认清，不能提倡。

鲁国义姑

战国时期，七国争霸，连年进行战争。

一次，齐国攻打鲁国。当齐国军队攻至鲁国国都营丘（今山东淄博市东北）时，远远看到一个妇女，怀里抱着一个孩子，一手还领着一个孩子，正在慌忙逃命。

齐国的兵士紧追不舍。老远看到，那妇女突然停下，把怀里抱着的孩子丢在地上，随即又把手里领着的孩子抱在怀里，匆匆地朝山路上奔去。被丢下的孩子，张着双手，边追赶那妇女，边拼命地哭喊："妈妈，妈妈——"那妇女连回头看都顾不上看，一个劲地朝远处跑去。

齐国兵士很快就追上了那个被丢下的孩子。齐国的兵士问道："朝那边跑的是你的母亲吗？""是。"孩子边哭边说。齐国兵士很奇怪，又问："你母亲怎么把你丢下不管了呢？""我不知道。"齐国兵士又问："你母亲怀里抱的是谁？"那孩子说："我不知道。"

齐国的兵士更觉蹊跷，便继续追赶那妇女。他们边追边喊："站住——站住——你停下来，不然我们要用箭射死你！"

妇女听到喊话，放慢了脚步。回头一看，齐国兵士快追到跟前，肯定是逃不出去了，索性就停下脚步，坐在地上。可还是把孩子紧紧地搂在怀里，生怕给齐兵抢去了。

齐兵赶上来问道："你怀里抱着的这孩子是谁的孩子？""是我家哥哥的孩子。怎么着？"那妇女说。"你丢下的那孩子呢？"齐兵问。"是我的孩子！"齐兵不解其意，又问道："你应该是爱你的孩子的。可你为什么要把他扔下不管。却要抱着你哥哥的孩子逃去，这是为什么呢？"

那妇女说：

"我以为，爱自己的孩子是私爱，爱别人的孩子是公义。假如我背弃公义而偏于私爱，在危急时刻，抛弃哥哥的孩子，而把生的希望留给自己的孩子，那是天理不容的！刚才你们追赶我，带着两个孩子，我跑不动，与其全叫你们活捉，不如丢下一个孩子，保住一个孩子。于是，我忍痛割爱，抛弃我的亲生儿子。我不这样做，不仅对不起我的哥哥，也对不起我们的国家呀！"

鲁国这位普通母亲的一席肺腑之言，把齐国兵士说得再也没有勇气继续攻打鲁国，不久便自动撤出鲁国。

此事传到鲁国国君耳朵里，也为之感动，大力表彰该妇女的崇高品质，称誉她为"义姑"——深明义理的姑母。

这个故事充分说明，正义的力量是无比强大的，它足以战胜任何邪恶。同时，从这些品德高尚的母亲身上，也可以看到，中国的母亲是伟大的母亲。

不以私爱废公义

战国时期，齐国有一位寡母，她有两个儿子。大儿子是死去的丈夫前妻留下的，小儿子是她亲生的。兄弟两个虽不是一母所生，但相处得很好，遇事都能互相谦让。寡母看在眼里，由衷地高兴。

齐宣王在位时，国都市郊的一条大路旁，有一个人被打死。听人说是这家哥俩当中的一个人打死的。当刑吏赶到现场时，寡母的两个儿子都在场，谁也没有离开。

刑吏问：

"这个人是谁打死的？"

哥俩争着承担罪责。

哥哥说："是我打死的，与弟弟无关。"

弟弟抢着说："不是哥哥打死的，是我打死的。"

这哥俩都是重大嫌疑犯，一时弄不清究竟谁是凶手，刑吏只好先把他们全部关押起来。

刑吏审讯了整整一年，由于没有旁证，不能判断人究竟是谁杀的。刑吏上报宰相，宰相亦不能判断。于是，又上报国君宣王。

齐宣王说：

"我们弄不清谁是杀人凶手，要都赦免了他们，那是放纵犯罪，不能这样；如果都处死，那又是错杀无辜，也使不得。怎么办呢？我这样想：知子莫如母。他们的母亲一手将其兄弟二人抚养长大，最了解儿子的品行好坏。可以传讯他们的母亲来，听听她的看法。虽不能完全听她说的，

但可以供作参考。"

宰相遵照齐宣王的指示，令人将那两兄弟的母亲传来。宰相说：

"你的儿子杀了人，他兄弟二人都争着要偿人命，刑吏不能判决。今天，要你来谈谈你这两个孩子平时的品行，同时也想听听你的看法，究竟人是谁杀死的。你要如实说！"

那位母亲说：

"你们不用问了，就杀我的小儿子吧。"

宰相说：

"一般做父母的，都是偏爱小儿子。你为什么却要小儿子去抵杀人之罪呢？"

母亲说：

"小儿子是我亲生的，大儿子是丈夫前妻留下的。孩子的父亲已经去世了。他临终之前，曾嘱咐我好好照顾他的大儿子，把大儿子抚养长大成人，我已经当面答应。既然我接受了他父亲的委托，答应了请求，我怎么能忘记人家的委托，不信守自己的许诺呢。

"如果杀了大儿子，留下小儿子。那是'以私爱废公义'。违背许诺，背信弃义，是在欺骗死去的丈夫，是不道德的。一个人要是说了的话不算数，不履行自己的诺言，那算什么人呀！

"要杀，你们就杀我的小儿子吧。他是我的亲骨肉，杀他，我虽然万分悲痛，但我既然下了决心，绝不会掉一滴眼泪。因为我没有背信弃义！"

宰相听了寡母的话，深受感动。他把情况禀报国君齐宣王，国君十分赞赏寡母的高尚情操，决定特赦，两个儿子都不杀，全释放。并且称誉那位寡母为"义母"。

讲究"信义"是一种美德。答应了的事情，就要千方百计做好；应允的诺言，一定要兑现。中国古人历来崇尚这种美德。这种美德，在这位继母身上得到充分体现，应当受到称赞。作为教育者的母亲，如此讲究"信义"，这对于子女的教育来说，本身就是一种教育因素，十分重要的教育因素。有这样的母亲，何愁子女教育不好！

母智子必不愚

战国时期，楚国国君楚恭王在位时，王宫里发生了一起重大失盗案件，丢失了许多极为贵重的金银财宝。

楚恭王极为重视，命令当时掌管国家军政大权的最高官员令尹全权负责侦破此案，并要求限期将罪犯捉拿归案。令尹昏庸无能，查了好久，连个线索都没有查到。他怕到限期捉拿不到盗窃犯，自己要受到连累。为推脱自己的责任，他栽赃陷害，嫁祸于人，无理指控楚国国都地方官江乙，说是由于他的失职而造成了王宫的失盗。并以此为由上书楚恭王，建议罢免江乙的官职。

江乙无辜横遭陷害，被免职回家，他感到非常冤枉。江乙的母亲有胆有识，不畏强暴，更为之气愤，决定到楚恭王那里为儿子申诉，要求平反。

说来事也凑巧，在江乙回家不久，一天夜里，江乙家也被盗，丢失贵重布匹六丈多。江乙母想：这倒是个向楚恭王申诉的机会。于是，她借家中失盗一事，请求拜见楚恭王。

见到楚恭王，江乙的母亲禀告说：

"我家昨天夜里失盗，被偷去六丈多布。请求国君要为民做主，惩办盗窃犯。"

楚恭王问：

"是谁偷了你家的布匹呢？"

江乙的母亲说：

"不是别人，就是您的令尹偷的！"

在江乙的母亲丢失布匹的那天晚上，国君在王宫欣赏歌舞，令尹一直在身边陪着，从未离开一步。楚恭王记得清清楚楚。

楚恭王对江乙的母亲说：

"确实是令尹偷的吗？我不相信。令尹怎么会做这种违法的事呢！假如不是令尹所偷盗的，你诬告无辜，我们楚国的法律可要治你诬告陷害罪！"

江乙的母亲毫无惧色，继续说：

"即使不是令尹亲自去偷，也是他指使别人去偷的！"楚恭王追问道：

"你说话要有事实根据。你怎么知道是令尹指使别人偷的呢？"

江乙的母亲义正辞严地说：

"过去，孙叔敖辅佐楚庄王做令尹的时候，他治国有方，教化国民，社会秩序相当好。据说，当时是'吏无奸邪，盗贼不起'，'路不拾遗，夜不闭户'，人民生活十分安宁。而今天的令尹，治国无方，耳不聪，目不明，使得盗贼四起，横行无忌，社会秩序相当混乱，人民没有一天安生的日子过。在这样的令尹执政的年月，盗贼偷了我的布，这和令尹指使偷盗，有什么不同？"

楚恭王极力为他的令尹辩解、开脱：

"令尹在王宫帮我掌管军政大权，管理国家大事，他哪里知道盗贼在下边横行？你家里被盗，令尹有什么罪过？"

江乙母说：

"唉呀，恕我直言，国君您要这样说，那就不对了。原来，我的儿子江乙是个大夫（官名），有盗贼偷了王宫的金银财宝，他在官府处理公务，他也不知道是谁偷的呀。可是，我的儿子却因为什么'失职'而被罢免，至今还背着黑锅。为什么唯独令尹失职而没有任何责任呢？难道社会秩序混乱，与令尹一点关系也没有吗？"

江乙母接着说：

"过去的周武王曾经说过：'百姓有过（错），在于一人。上不（精）明，则下不治；相不贤，则国不宁。'这话说得非常对。一个国家的兴衰

荣辱，重要的是在于用人。有人认为我们国家当今没有精明的人才，我觉得不是真的没有人才，而是没有识别人才的人。国君，您说是不是？"

国君听了江乙母的话，连连点头称道：

"好，好，讲得好！你不但批评了令尹，也给了我启发。"

楚恭王当即下令由王府如数偿还江乙母丢失的布匹，并要奖赏她黄金万两。

江乙的母亲推辞说：

"谢谢国君的奖赏，我来王宫，并不是要追回我丢失的布匹，我不是贪图钱财，我是不满意令尹的所作所为。"

说完，谢过国君，她就离开王宫。布匹和黄金，她都没有接收。

事后，楚恭王对众臣说：

"江乙的母亲这样有智慧、有见解，她的儿子必定也不会愚钝。"

于是，楚恭王宣布给江乙平反恢复名誉，并再次召回江乙，重新给予重用。在后来的从政过程中，江乙表现了多谋善断的才能，为当时人们所称赞。"有其母，必有其子。"江乙的才能，同其母亲对他施加的教育和影响是分不开的。

不可派赵括为将

战国时期，赵国有一位赫赫有名的大将。起初，他出任赵国的田部吏，执法无私，受赵国宗室大臣平原君赵胜推荐，治理国赋，大见成效。后受任为将军，他精通兵法，善于用兵，有高超的军事指挥才能。公元前270年，秦国发兵攻打赵国，他率赵军在阏与（今河北武安县西）大破秦国，给秦军以很大打击。由于战功显赫，被封为马服君。这个将领就是赵奢。

俗话说：将门出虎子。赵奢是这样一员名将，他的儿子想必也一定是一位常胜将军吧？

其实不然。

赵奢的儿子赵括也是赵国的将领，人称"马服子"。他从小生活在赫赫有名的将领之家，受家庭环境熏陶感染，孩童时就好舞刀弄枪。在他懂事以后，其父赵奢就教他学习兵法，指望日后能掌握军事本领，保卫国家。但他学得很不用心，不求甚解，只会背诵书本上的兵法条文。其父结合战例跟他讲解在战争中如何灵活运用兵法，他总说不难，有时他父亲还没讲，他就说我懂，我懂。赵括的记忆力很强，他能过目成诵，只要他看过的兵书，都能够毫不遗漏地背出来。要是谈起兵法来，滔滔不绝，头头是道，连他的父亲赵奢都谈不过他。知子莫如父。他的父亲最了解赵括的底细，赵括只会纸上谈兵，毫无作战的实践经验，根本不会指挥打仗。赵奢多次批评他不求甚解的学习态度，动员他到战争实践中锻炼，他都不听，非常自信。赵奢一生身经百战，深深懂得只会纸上谈兵是没什么用处的。临终前，他看着那不成才的儿子，感慨地说："将来我们的赵国军队非葬送在赵括这样的人手里不可！"

公元前260年，是赵孝成王六年，秦国攻打赵国的上党（今山西长治市以北）。赵国大将廉颇驻军长平（今山西高平县），他指挥军队修筑坚固堡垒，阻止秦军进攻。硬攻不得，秦军就设法挑战，企图诱惑廉颇出兵攻击秦军，好一举聚歼。廉颇知道其中有诈，他命赵军坚守阵地，不可贸然出去。这样，在长平与秦军相持3年之久，有效地阻止了秦军的进犯。秦军后来派间谍到赵国，用黄金收买赵国的权臣。卖国权臣受贿以后，按照秦国间谍的意旨，对赵孝成王说："秦国最怕赵奢的儿子赵括做将军。廉颇很容易对付，他没什么真正的本领。据说，廉颇坚持不了多久，快要投降秦军了。"赵孝成王没有认真地调查，就轻信了那卖国权臣的话，决定将廉颇撤回，由赵括代替他带领赵军迎战秦军。

廉颇是一位名将，赵惠文王在位时，他曾带兵打败齐国，被任命为上卿。后来，又多次击败齐国、魏国，为国屡建战功，当时以英勇善战闻名于诸侯国。他带兵驻守长平，3年秦军未前进一步，保卫了疆土，应当说是有功劳的，哪里是什么快要投降了，根本没有那么一回事！遗憾的是，赵孝成王竟中了秦国的反间计。

听说赵括代替廉颇为主将，率兵迎战秦军，赵括的母亲急忙赶到王宫，劝说赵孝成王不要做出这样的决定。她深知自己的儿子是不能胜任统兵主将的。

见到赵孝成王，她说：

"国君陛下，我听说您要派赵括代替廉将军为主将，这可使不得，使不得。"

赵孝成王不解其意：怎么，赵奢将军的老夫人要阻拦她儿子上前线，难道是贪生怕死吗？于是问道："你为什么不同意我派赵括为主将呢？"

赵括的母亲说：

"当年，他父亲做赵国的统兵将领时，他善于用兵，为保卫赵国打了许多大胜仗，在人民群众中享有很高的威望。在他的将领和军官中，他为之敬酒、奉饭的有几十人之多，以朋友相称的竟达到几百人。大王及宗室赏赐给他的金银财宝，他从未独吞过，总是分发给所有作战有功的将士。每次接受命令，他向来是全力以赴，从不过问家里的事务。赵括可不像他的父亲那样，他没有真正的本领，只会纸上谈兵，而且，对人粗暴无理，态度骄横，没有威信。您委派赵括为将统兵出征，将士们都惧怕他，怎么会有战斗力？他贪图钱财，国君发给将士的军饷，他会全部独吞，拿过来为自己购买田地房产，他怎么能打胜仗？国君，您以为有其父必有其子，将门一定出虎子，他会像他父亲那样英勇善战。其实不然，他和他的父亲不同，完全是两种人。为了国家的安全，望国君慎重考虑，三思而行，可不要委派他去迎战秦军。"

赵孝成王说：

"你不要多管了。我已经决定派他去，不能再换人了。"

看赵孝成王很固执己见，已不能再劝阻了，赵括的母亲就不再说什么。可赵母深知其子赵括无才，此次出兵必是凶多吉少，难以取胜。她不得不为后事考虑。赵母问赵孝成王：

"国君陛下，您执意要委派赵括为将迎战秦军，假如被秦国打败，造成重大损失，那我会不会受牵连呢？"

赵孝成王说：

"你放心吧，你不会受任何牵连，这是我亲自做出的决定。"

赵孝成王终于不听赵括母亲的劝谏，还是坚持原来的决定。

秦国听说赵孝成王果真中了他们的反间计，派赵括为将迎战，便秘密委派名将白起为上将军。白起足智多谋，有丰富的指挥经验。赵括缺乏实践经验，又狂妄已极，一到前线，就命令赵军主动出击攻打秦军，秦军佯装败退逃走，赵括亲自带兵"乘胜进击"，一直追击到秦军的大本营前。秦军据守大本营阵地，紧紧把赵军吸引在阵地前，与此同时，白起派兵从侧面迂回包抄，截断赵军后路。赵括率领的全军人马被秦军团团围住，临时就地修筑堡垒坚守，等待救援。秦昭王听说赵括运粮兵援之路完全被断绝，便亲自到河北一带，征集15岁以上的男子，全都送往长平，阻绝赵国的救兵及粮运。赵军被围困，粮草断绝，将士以树皮草根充饥，最后还杀人吃人肉。赵括分兵四路，轮番进攻秦军防线，企图

突围，但都未成功。后来，赵括亲自带领少数精锐部队猛攻，被秦兵当场射死。赵军失去主将，45 万人全部投降。白起怕赵军寻机反抗，把 45 万人在长平就地一起活埋。这是战国时期最大的也是最残酷的一次大战。兵法空谈家赵括凭他的空谈本事，一次就断送了 45 万人的生命。赵括代替廉颇统兵，仅仅 40 多天！

赵括的母亲出于对国家安危的关切和负责，直言劝阻国君，不要派赵括为将。然而，赵孝成王却一意孤行，结果造成了触目惊心的极为惨重的失败。赵括母亲的进谏，虽未被采纳，但体现了赵括母亲高度的负责精神和爱国思想。赵母不护短，不偏私，在国君面前直言不讳地指出儿子的问题，也是令人佩服的。

乳母舍身救公子

公元前225年，秦国一举攻破魏国。秦军攻入魏国国都大梁（今河南开封）后，进行了大规模的屠杀。由于秦军来势凶猛，魏国国君魏惠王及整个家族几乎无人幸免，差不多全被杀死。从此，魏国灭亡。

大屠杀之后，秦军清理尸首时，发现魏惠王的一个小公子魏节不见了。为了防止魏惠王的后代东山再起，秦军决心要将其后代斩尽杀绝。

魏公子魏节年纪很小，不可能独自远走高飞，想必是有人将他隐藏起来。秦军在大梁向魏国国民发布了通缉令，要捉拿魏公子魏节。通缉令说："任何人不得隐藏魏节。谁要是交出魏节或报告魏节的下落，奖赏黄金二万两；如果发现有人隐藏或是知情不举，要处以死刑。"与此同时，秦军派人四处察访。

魏节到哪里去了呢？

原来，在秦军攻入大梁的时候，魏节的乳母趁人们慌乱中，冒着生命危险偷偷地将魏节早就转移了。

一个大臣问魏节的乳母："魏节去哪里了？"

"我这不是也在打听魏公子的下落么。"乳母回答。

那大臣说："你不要骗我了。我早就听说，有人看到是你将魏公子带走的。"

乳母听那大臣这样一说，知道事情要隐瞒是不大可能的了。"是我带走的怎么着？即便是我死了，也决不交出魏公子！"乳母义正辞严地说。

那大臣贼心不死，继续纠缠不休。他装出一副很同情的样子说："现在魏国已经亡国，魏惠王及其家族的所有人都被杀了，你冒着生命危险隐藏这样一个小孩子，还为了谁呢？"

乳母大义凛然地说："魏国虽然亡国，但是，我认为一个正直的人不能见利忘义。见利忘义，怕死负义，是一种卑鄙的叛逆行为。在国家民族危亡之际，贪生怕死、见利忘义的事我绝不去做！作为乳母，为别人抚养孩子，是为了把孩子养大，而不是为了杀死。我怎么能贪图钱财、惧怕杀头而背弃正义呢？就是我死了，也决不会让公子被秦军捉去！"

那大臣看很难说服乳母，灵机一动，便假惺惺地说："既然你不愿交出魏公子，那也就算了。我这一番话，可全部都是为你好。"说罢，就灰溜溜地走了。

乳母知道事情已经暴露，必须尽快将魏公子转移。当天夜里，在夜深人静的时候，她带着魏公子魏节悄悄地离开大梁城，逃到郊外一片沼泽地的深处，暂时隐藏在一个十分可靠的人家，准备一有机会再把魏公子带往外地。

一天，魏节的乳母混在人群中到街上探听情况。魏国原来的一个大臣，在熙熙攘攘的人群中，一眼就认出了这个乳母，不禁心中暗喜。那位大臣凑近乳母，显得好关心地问道："你没有受到伤害吧？"

乳母定神一看，原来是魏惠王生前的一个大臣，就放松了警惕，她像是见到亲人一样，便毫无戒备地随口说：

"我倒没什么，使我最担心的倒是魏公子魏节的安危呀。"

听到乳母提到魏公子魏节，那大臣趁机接过话茬说：

"现在魏公子魏节还在京城吗？我听说秦国军队有通缉令，要寻找失踪的魏公子。通缉令说，谁要交出魏公子魏节，赏给黄金二万两；如果发现谁隐藏或是知情不举，要处以死刑。假如你能交出魏公子，一下子就可以得到二万两黄金，一辈子享尽荣华富贵。你要知道魏公子魏节的下落，最好快去报告秦军。要不然你势必要遭杀身之祸，恐怕你的家人和亲戚都要受株连。"

乳母越听越觉得不对头，她敏锐地觉察到那位大臣不怀好意，极力克制着内心的紧张情绪，强作平静地说："我也不知道魏公子被谁带走了。"说完，乳母赶快回去了。

乳母的一举一动，都被躲在暗处的那位大臣盯住了。那大臣毫无骨气、卖国求荣、贪图钱财，偷偷地把乳母的去向向秦军告密。秦军派人追到沼泽深处，朝乳母和魏公子乱箭齐发，乳母用自己的身体挡住公子，身上中了十几箭，乳母和魏公子魏节都死于乱箭之中。

这位古代的乳母，在国家沦亡之际，舍身保护魏惠王的后代，这表现了她重理义轻利的高尚情操，也充分体现了她的爱国精神。

师春姜教女

春秋战国时期，鲁国有一位母亲叫师春姜。她有一个女儿，嫁给邻村一户人家。出嫁后没多久，竟连续三次被婆家赶回娘家。每次回到家里，女儿总是说婆家这不好那不好，从来没说过自己有什么过失。

师春姜是一位正直朴实、通情达理的劳动妇女，向来对女儿要求很严格。女儿的婆家也是一户很好的人家，师春姜是早有耳闻。在不长的时间里，女儿三次被赶回娘家，她觉得这里边一定有什么缘由。女儿虽然说她自己没有什么过失，可师春姜认为不能只听一面之词，更不能偏听偏信。于是，她决定亲自到女儿婆家打听一下，这究竟是为什么？

女儿的公婆对师春姜说："你的女儿到我家以后，我们从未虐待过她，这您可向邻人打听。可她，经常与大姑、小姑、妯娌闹矛盾、吵嘴，脾气不好，对人很没有礼貌。我们管教她，她也不听，让邻居看了都笑话。"

师春姜一听，非常生气，连连向亲家赔不是，表示回家后一定严加管教。

回到家里，师春姜把女儿叫到跟前，狠狠地训斥道：

"你作为婆家的媳妇，应当懂得做媳妇的道理，要孝敬公婆，同家人和睦相处，搞好关系。而你呢，骄傲放纵，出言不逊，今天和这个人闹别扭，明天又和另外一个人吵嘴，这太不像话！婆家人把你赶回娘家，这是多么丢人的事，你应该接受教训。可是你还不认错，强词夺理，根本没有悔过的意思。在你出嫁之前，我曾给你讲过多少次，要你和婆家

人好好地相处过日子，可你却把我的话当耳旁风，根本不听，你不是我的女儿！"

师春姜越说越生气，抄起鞭子就把女儿痛打了一顿。并把女儿留在身边，继续进行教育。

从那以后，师春姜的女儿在娘家住了 3 年。经过母亲的言传身教，其女儿逐步懂得了做媳妇的道理，表示要牢牢记住母亲的教诲，以后一定处事谨慎，同婆家人搞好关系，师春姜这才把女儿重新送到婆家。在后来的日子里，师春姜的女儿知情达理，处处严格要求自己，公婆家人十分满意，她也受到邻居的好评。

古代母亲师春姜发现自己的女儿出嫁以后，没能做好媳妇，她不偏私，不护短，严于律己，竟留女儿在身边教育训练 3 年之久，可谓贤慧的母亲。在过去和现在，有许多这样的好母亲。但是，也确有少数做母亲的与此恰恰相反。在女儿出嫁之前，不是教育女儿和婆家人和睦相处，而是教女儿在婆家"别太老实了"，怕婆家人欺负，怕女儿吃亏受气。当女儿同婆家人发生矛盾以后，只听女儿一面之词，不做全面了解，不教育女儿先检查自己的言行，而是一味地指责女儿的婆家人，甚至鼓动女儿干到底。这样的母亲不懂得家庭的伦理道德，是在教女儿为恶，这样做是不可取的。纵然有的做公婆的人有封建家长制的思想残余，婆家人有不当之处，也不要教女儿去采取激化矛盾的方式解决，应采取摆事实讲道理的方式争取妥善解决。师春姜采取强迫 3 年和打骂的方式管教女儿，虽然不尽妥当，但这种负责的精神实为可贵。

"非此母不生此子"

张汤（？～公元前115年），是西汉杜陵（今陕西西安东南）人。汉武帝在位时，他曾历任廷尉、御史大夫等职务，负责掌管司法大权。

汉武帝时，货币制度混乱，伪制黄金、铜钱轻重不一，各地豪强自制货币，从中大谋私利，严重破坏了中央集权制，不利于国家统一和巩固。冶铁、煮盐和铸钱三大行业，原来都被豪强大商贾控制，他们积财万金，朝廷收入很少。农民受地主、商人等多重剥削，赋税、徭役负担相当严重，阶级矛盾日趋尖锐。为了巩固中央集权制，制止分裂割据，巩固国家统一，缓和阶级矛盾，张汤曾经建议由国家统一监制白金（银币）及五铢钱（钱币），并且大力支持盐钱官营政策，制定"告缗令"（即对田宅、货物、车船、畜产等征收税赋的法令），沉重打击了不法富商大贾。他在任职期间，亲自主持办理过许多重大审判案件，用法严峻，有力地巩固了中央集权制。他还曾和西汉时的廷尉赵禹一起共同编制各项法令，撰有法律专著《赵宫律》27篇。

张汤小时候，聪明伶俐、活泼好动。由于受家庭环境的影响，从小就痛恨邪恶，喜欢做一些当法官的游戏。有一天，他正在房间里玩耍，有一只老鼠在光天化日之下钻到饭橱里偷吃肉食，其父发现后抄起木棍把老鼠打跑。张汤看老鼠太可恨了，竟敢偷吃肉食，就想"惩办"馋嘴的老鼠。他在老鼠洞口点着火，用烟把老鼠熏死，然后用铁锹将鼠洞掘开，把被熏死的老鼠和它叼走的肉掏出，进行鞭打、"审讯"。他坐在椅子上，摆出一副法官的样子，学着审判官的腔调，严肃地审问老鼠："现

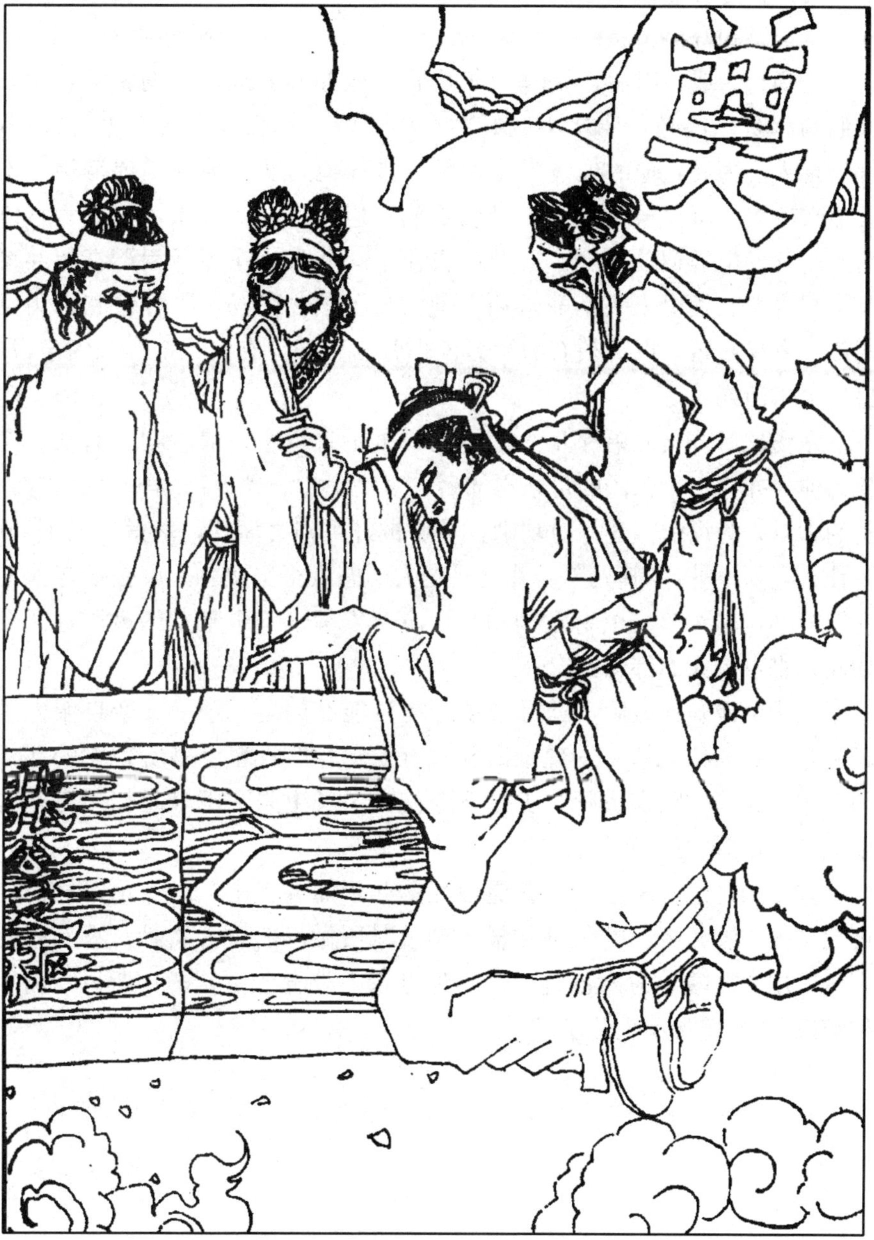
奠

在赃物摆在你的身边,你要如实招供,不得抵赖!"大人看到他那认真的样子,都感到好笑。

张汤长大成人以后,果真当了法官。他办案公道,不徇私情,受到人们的称赞。但是,他从小就好胜逞强,脾气暴躁,说话不讲究方式,好伤害人。为此,他的母亲没少教训、批评他,劝告他处事要谨慎,不要盛气凌人。可他虽然承认自己的毛病,但始终没能克服,直到为官以后还时常发生类似的问题,因此就得罪了一些人。在与丞相严青翟共事时,严青翟和长史朱买臣非常痛恨他。为了报复张汤,严青翟和朱买臣同谋上书汉武帝,以莫须有的罪名诬告张汤。张汤有口难辩,悲愤至极,最后自杀而死。

张汤死后,其兄弟和儿女觉得他一生正直坦率,辅佐朝政有功,准备为他大办丧事。张汤的母亲得知后,坚决阻拦。她说:"吾儿张汤是天子的大臣,为汉帝国建立过功勋,最后被奸臣陷害而死,落得这般下场,为什么还要厚葬?"其兄弟、儿女看老人的态度很坚决,只好按照老人的意旨简办,用牛车将棺材送到祖坟,草草安葬。一个堂堂的大臣,死后如此办丧事,人们都感到奇怪。

汉武帝得知此事后,觉得张汤之死可能有问题。于是,亲自派人重新调查了张汤的案情,发现张汤并没有像丞相严青翟上书所告发的那样的问题,纯属被陷害致死,于是下令处决了长史朱买臣,丞相严青翟看事情已经败露,后畏罪自杀。

张汤的母亲坚决主张为含冤而死的儿子简办丧事,以表示对奸臣的极大义愤。汉武帝回顾张汤在辅佐朝政时所做出的重大贡献,感到张汤之所以用法严峻,为人正直,是同他母亲的教育分不开的,所以,高度称赞说:"非此母不生此子。"

王陵母以死教子

秦朝末年的农民大起义中，刘邦是一个最杰出的人物。农民起义领袖陈胜死后，刘邦与项羽领导的起义军一起抗击秦军主力。公元前206年，他率领军队攻入秦朝国都咸阳，推翻秦朝统治，废除秦朝的严刑苛法，约法三章："杀人者死，伤人及盗抵罪。"深得民心。在斗争中，刘邦政策对头，又善于用人，如张良是贵族，陈平是游士，樊哙是狗屠，周勃是吹鼓手，灌婴是布贩，娄敬是车夫，韩信是流氓，彭越是强盗，都被恰当地使用，各尽其所长。因此，刘邦很快得到了许多人的拥护，成为和项羽争天下的对手。

在刘邦的将领中有一人叫王陵（？～公元前181年），他是刘邦的同乡，他们都是沛县（今属江苏）人。他们两人在年轻时就相识，以兄弟相称，情同手足，关系甚为密切。秦二世元年（公元前209年）刘邦在沛县官吏萧何、曹参等支持下扯旗起义的时候，王陵也就地带了几千人起义响应，占据了南阳，后追随刘邦参加起义大军。

在刘邦和项羽夺取封建统治权的战争中，王陵坚决站在刘邦一边。项羽为分化瓦解刘邦的军队，派人把王陵的母亲挟持到军中，企图以其老母为人质，胁迫王陵投降楚军。

王陵知道老母被楚军抓去以后，心中很焦急，又十分气愤，他派使者专程到项羽军中探望老母，并准备设法救老母。王陵的母亲看到，当时项羽的兵力虽然比刘邦强大，执行的政策却是错误的。项羽一把大火烧掉了咸阳的宫殿，大杀降卒，掳掠秦宫妇女、宝物，到处分封六国的

后人为王，享受荣华富贵。而许多贫寒出身的野心家，分不到封地，心怀不平。军内矛盾重重，争斗不止。从长远看来，项羽是一定要失败的。

当王陵的使者来到项羽的军营时，王陵的母亲偷偷地会见了使者，说："你见到王陵以后，告诉他说，还是要追随汉王刘邦，汉王一定能够取得最后胜利。不要为我的安危担忧，不要动摇。你回去就对他说，我已经不在人世。"刚说罢，就从使者手里抢过宝剑，在使者面前自杀而死，以坚定王陵的决心。

项羽知道后，气急败坏，大发雷霆，命人把王陵的母亲碎尸数段下锅煮了。使者把老母的遭遇告诉王陵，王陵悲愤万分，更加坚定了追随汉王刘邦的决心，终于协助刘邦打败了项羽，平定了天下，建立了汉王朝。

刘邦坐天下以后，封王陵为安国侯，担任了右丞相。公元前195年汉高祖刘邦死后，由其子刘盈继位。因刘盈年幼无知，由汉高祖的皇后吕雉（即吕后）代理朝政。吕后要封吕氏子侄为王侯，她和王陵商量。王陵说："高祖（刘邦）在世时曾经和诸大臣共同约定：'如果刘氏以外的人称王，天下共击之。'太后要封吕氏为王，就是违背了这个盟约。"吕后很不高兴，把右丞相王陵罢免，改任太傅，做辅导太子之事。王陵很愤怒，便称病辞职，到死也不和吕后合作。

王陵忠于刘邦个人，是一种封建思想。但是，刘邦当时所代表的，是进步的历史潮流。王陵的母亲能看到这一点，并且用自己的生命来教育儿子追随刘邦打天下，在政治斗争中站在进步的方面，这是很难得的。王陵母舍身教子的行为，历来为人们所称赞，是历代母亲的楷模。

名寿不可兼得

东汉桓帝时，宦官专权，内外重要官职多被他们把持着，进入官僚集团的道路比以前更窄，侵犯着世族大地主的利益。世家大族李膺等和太学生郭泰、贾彪等人联合，抨击宦官集团。延熹九年（公元166年），有人勾结宦官诬告他们"诽讪朝廷"，李膺等200多名"党人"被逮捕入狱。后来，由汉桓帝皇后的父亲窦武出面劝汉桓帝释放党人。虽被释放，但终身不许做官。这在历史上被称为第一次"党锢之祸"。

灵帝即位以后，外戚窦武专政，起用"党人"，并与太傅陈蕃合谋诛灭宦官，因泄露机密，结果被杀。建宁二年（公元169年），汉灵帝在宦官侯览、曹节挟持下，收捕李膺、杜密等百余人下狱处死，并陆续杀死、流放、囚禁六七百人，连及王族，这是历史上所谓第二次"党锢之祸"。

在反宦官专权的斗争中，范榜自始至终站在前列，也曾两次被捕入狱。

范榜（公元137年～公元169年），汝南征羌（今河南郾城东南）人，字孟博。起初，范榜为清诏使，又调任光禄勋主事，后为汝南太守宗资下属的官员。他言行刚劲，疾恶如仇，有正义感，对人民有同情心，是统治阶级中耿直派的代表，很有声望。范榜第一次被捕释放回老家汝南途中，路过南阳，南阳士大夫驾数千辆车马来迎接他。

在第二次宦官集团诛杀异党时，汉灵帝下令逮捕范榜。督邮关导是范榜的好友，他十分同情范榜。他捧着逮捕范榜的诏书，不忍心去亲手逮捕好友范榜，伏在床上大哭。范榜自小有胆有识，正直刚毅，凡知道

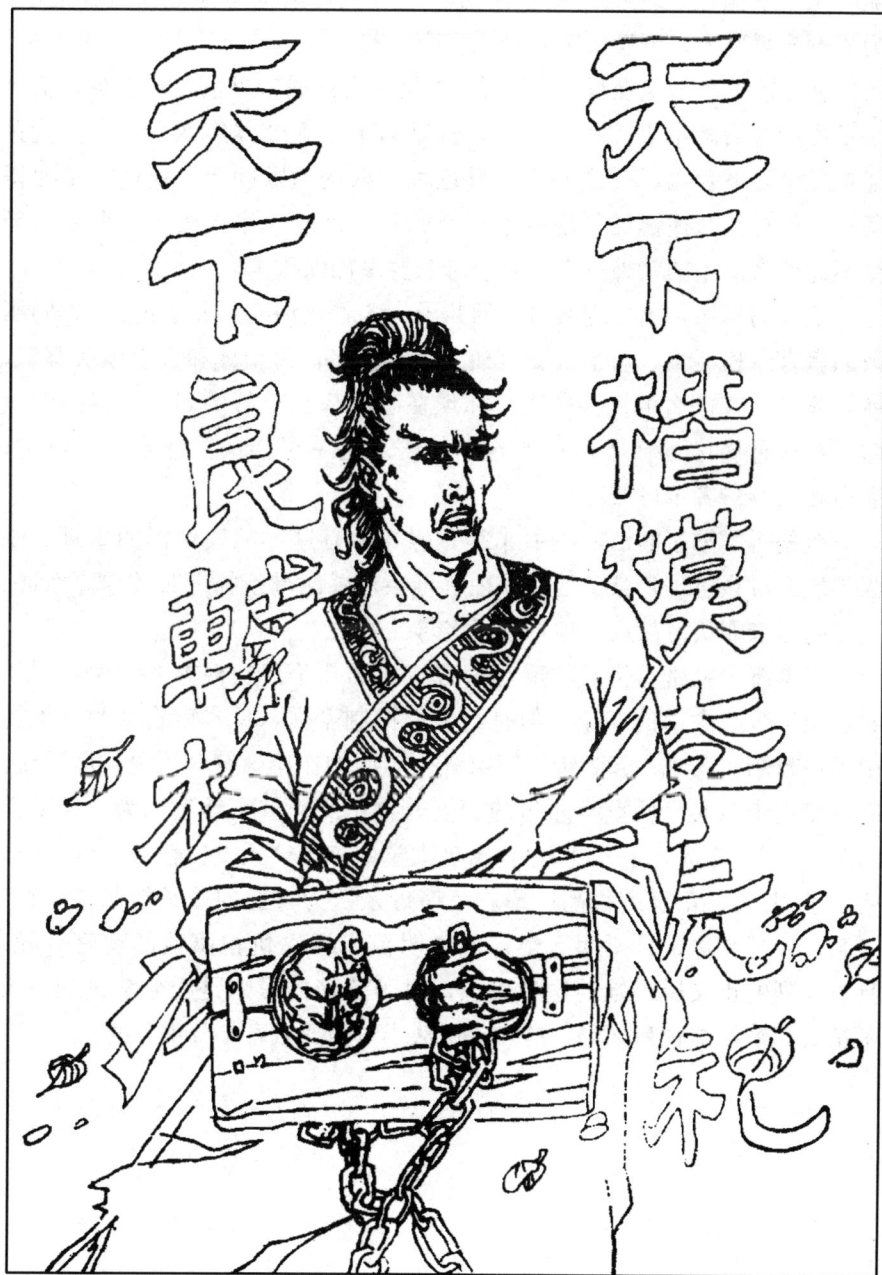

他的无人不佩服。他得知关导在伤心地哭泣，断定是为他要被捕的事。为了不连累别人，范榜决定主动到官府自首。

临行前，范榜跪在母亲面前说："我这次被捕，恐怕凶多吉少，估计是不可能再活着出来。我死后，只有靠弟弟孝敬赡养您老人家了，我只能在九泉之下存以孝敬之心。为反宦官专权的腐败朝政，我认为是死得其所，没有什么遗憾的。使我最担心的是，您老人家失去亲生儿子，经受不起这么沉重的精神打击。万望母亲要多加保重。"

范榜的母亲，十分理解自己的儿子，含着热泪安慰儿子说："你同腐败的宦官专权斗争，与李（膺）杜（密）齐名，为士族和太学生所尊崇，就是死了会有什么可悔恨的呢！你现在已经享有很好的名声，很高的威望，在这种腐败朝政下，还要再求长寿，是不可能的。在当今的世道，名声和长寿二者不可兼得！"

范榜听了母亲的话，心中非常宽慰，为有这样的一位深明事理、坚强不屈的母亲感到自豪。他深深理解母亲，感谢母亲临别时的谆谆教诲，连连向母亲叩头。然后，他告别了老母。

以李膺、杜密为代表的反对宦官专权的斗争，从根本上来说是属于封建统治阶级内部的斗争。但是，他们抑制豪强，反对宦官持政，维持中央集权制，客观上起到维护国家统一局面的作用，符合历史发展潮流，有一定进步意义。反宦官斗争的领袖人物李膺，被太学生称为"天下楷模李元礼"（李膺，字元礼），杜密被太学生称为"天下良辅杜周甫"（杜密，字周甫），都享有很高声望。范榜母亲认为自己的儿子能同"李杜"齐名，一起死去，是死而无憾，这说明范母极端仇视腐败的宦官专权，具有强烈的正义感。她的这种思想，对于范榜的影响是十分深刻的。为了正义，范榜能视死如归，这和范母从小对他的教育是分不开的。

赵苞母勉子抗敌

赵苞（？～公元177年），东汉甘陵东武城（今山东武城）人，字威豪。起初，他被荐举为孝廉，任广陵令。他为官清明，注重教化人民，为时人称道。赵苞的堂兄赵忠，是汉灵帝时的宦官，是操纵政权的宦官集团"十常侍"之一。所谓"十常侍"，是指张让、赵忠、夏恽、郭胜、孙璋等12个宦官。他们当时都任中常侍，直接干预政事，他们的父兄子弟在外地为官的遍于各州郡，仗势贪暴横行。赵苞为有这样一个堂兄，深感耻辱，从来不与赵忠往来。

当时，北方游牧民族鲜卑人的贵族，经常抢劫幽州、并州、凉州边疆人民的财物，边疆人民损失极人。公元177年上半年，东汉北方边境竟被侵犯30余次，严重威胁着东汉政权。汉灵帝曾发兵3万骑分三路出击，被檀石槐（鲜卑贵族头目）打败，三路将官各率数千骑逃回，兵士死亡十之七八，辎重全部丧失。之所以失败，不是军队不能作战，而是当时腐败的朝廷、庸劣的将官根本不懂得如何作战。经人荐举，赵苞接任辽西太守，镇守北方边境。

就在赵苞上任的公元177年的冬天，赵苞派人接母亲和妻子到辽西。行至柳城（今辽宁朝阳一带）时，恰恰遇上鲜卑贵族军队入侵，赵苞的母亲和妻子一家人全部被俘。鲜卑贵族挟持赵苞的母亲和妻子作为人质，进攻赵苞镇守的辽西一带。

赵苞知道此事之后，义愤填膺，更加痛恨鲜卑贵族的入侵。他对着遥远的鲜卑军中的老母，悲愤地呼号道："母亲呀，今天事情到了这个地步，做儿子的不能再顾及母子私恩而亏损对国家的忠义。儿子罪该万死，望母亲原谅！"

　　鲜卑侵略军头目威逼赵苞的母亲，去劝说儿子缴械投降，母亲坚贞不屈，她高声对儿子说："威豪儿！你不要为我的生命担忧。过去，王陵的母亲被项羽劫为人质，她为坚定王陵追随刘邦打天下的决心，伏剑而死。面对这帮凶狠的外族侵略军，我有何畏惧！人总有一天要死，你不

要为我而亏损对国家的忠心，你快快发兵狠狠打击鲜卑军吧！"

赵苞忍着悲痛，亲自率领 2 万军队迎击，大破鲜卑军，保卫了汉朝边疆。

赵苞的母亲和妻子都被鲜卑军残杀。战争结束后，赵苞收殓她们的尸体回家乡安葬。汉桓帝派遣特使前去吊唁，并封赵苞为鄃侯。

安葬完毕，赵苞对乡亲邻里们说："为救老母而亏忠义是不忠，为全忠义而杀老母是不孝。大敌当前，我必须在战场上尽忠，老母为国而死，我只能在地底下尽孝。"说完，突然呕血而死。

赵苞母子在抗击鲜卑贵族的战争中，都表现出了高度的民族气节和爱国精神。这种高尚情操，至今还闪烁着耀眼的光辉，激励人们热爱和保卫我们伟大的祖国。同时，也告诫今天的母亲，教子爱国是家长义不容辞的职责。

继母伴子求学

西汉时期有一个大臣叫翟方进（？～公元前 7 年），字子威，汝南上蔡（今湖南上蔡西南）人。汉成帝（刘骜）在位期间，历任朔方郡（今内蒙古杭锦旗北）刺史、御史大夫，后封高陵侯，担任丞相。任相 10 年，因统治集团内部斗争，汉成帝以他失职造成"灾害并臻，民被饥饿"的罪名，下诏书迫令他自杀。

翟方进出身在贫困百姓之家，从小失去母亲，没有上学读书的机会。在 12 岁～13 岁时，他到太守府当一名使役，做一些勤杂活。他的性格比较迟钝，办事效率不高，常常遭到太守府官吏的辱骂，抑郁成病，后被辞退。回家以后不久，其父又不幸病逝，由其继母抚养。

翟方进性格虽然比较迟钝，但人还聪明。其继母看他自小丧母，后又失父，可怜他命运不济，就请来相面先生给他相面，以此想为他求个吉利。相面先生端详了翟方进一番，又问了生辰八字，说："这孩子自小父母双亡，大难不死，必有后福。你看他长得这副相貌，将来定能封侯。现在读书求学不迟，要赶快送他学习经术。"翟方进的继母是一位勤劳、敦厚、心地善良的劳动妇女，听相面先生这样一说，决心千方百计要送翟方进入学读书。

翟方进自小很有抱负，同继母商量，打算独自西去长安求学。继母想：孩子既然有这样远大的抱负，不应拖他的后腿，要支持他去到外边闯一闯。可转念一想，翟方进年仅 13 岁，还不能离开家长的照顾，不忍心让他孤身一人到远离家乡千里之外的长安求学。怎么办呢？继母环顾

了一下那穷家陋舍，觉得也没什么可留恋的，很快做出决定："这个家我们不要了，我随你到长安求学！"

继母变卖了少得可怜的全部家产，加上原有的一点积蓄，陪着儿子登上了西上长安的征程。

在长安，翟方进的继母日夜不停地编织草鞋，换来钱维持母子二人的生活，供给孩子读书。翟方进看继母这样不知疲倦地昼夜辛劳，一心指望他读书成才，内心十分感动。他暗下决心，一定要刻苦读书，白天在学校从师求学，夜晚回住地继续攻读，其继母边编草鞋，边陪伴着他读书，几乎天天到深夜。他的继母就是这样以编织草鞋为经济来源，供他读书，长达十余年之久。翟方进学得非常好，后来以优异成绩一次通过射策，考中甲科郎中。不久，又顺利通过经义考试，升为议郎。汉成帝河平年间，转为博士。过了几年，被任命为朔方刺史。

在做官期间，翟方进从不苛待百姓，不贪赃枉法，在当地很有威望。他有知识，有才能，处理政务有条不紊。由于他还兼通文法，以儒家之学的经术处理繁杂的政事，以温文尔雅的态度对待部下和百姓，说话、做事有板有眼又有章法，从不滥用刑罚。因此，深受当地人称赞，被誉称为"通明"，即通达事理的清官。

翟方进的继母，从供他读书求学时起，一直到他后来被封侯做丞相，从来没有脱离过劳动，保持着劳动妇女的本色。这对于翟方进的求学和为官都有很积极的影响。

翟方进的继母舍家弃业伴子求学，并依靠自己的劳动所得供子读书。作为生身之母，这都是难能可贵的，更何况是继母。教子成才，是父母应尽的职责，翟母在那样艰苦的条件下，受尽种种艰苦磨难，还尽职尽责，我们今天做父母的看到后，会有什么感触呢？

李穆姜尽母职

汉朝时期，汉中地区有一人叫程文矩，其妻在生下 4 个孩子以后不幸去世。李穆姜在生下 2 个儿子以后，丈夫不幸离开人间。经人介绍，程文矩娶李穆姜为后妻，李穆姜把 2 个儿子带到程家。

同其他失去母亲的孩子一样，在李穆姜刚刚来到程家时，程文矩前妻的 4 个孩子不尊敬继母，不听从教导，有时对继母粗野无理。李穆姜深知做母亲的道理，从不计较孩子的无理，她宁可让自己亲生的儿子受些委屈，也从不另眼看待那 4 个孩子，对他们仍然无微不至地关心。

邻居看到这种情况，为之不平，对李穆姜说："你看那 4 个孩子这样不孝敬你，他们已经长大了，你为什么还不让他们分家单过？眼不见，心不烦，也省得跟他们生这份气！"李穆姜说："我不能这样做。他们终究还是孩子，我不能推出不管。我还是要尽做母亲的责任，他们会慢慢明白过来的。"

有一次，程文矩前妻的长子程兴得了重病。程文矩在外边做事，李穆姜心里非常着急，就是倾家荡产也要治好程兴的病。她到处求医寻药，请来名医高手为儿子看病。每天亲自为儿子抓药、熬药，还一匙一匙地精心喂药。经过一段时间的治疗和护理，程兴的病才渐渐痊愈。长子程兴非常感激，同时也很悔恨自己，觉得兄弟姐妹 4 人太没良心了。

一天，长子程兴把他的弟弟妹妹叫到跟前，非常沉痛地说："母亲对我们倍加慈爱，这完全是出于母亲的天性。过去，我们不理解母亲，不懂得母亲的恩情，对她那样无理，这纯粹是禽兽之心！母亲的心胸开阔，

有气度，不跟我们一般见识，不计较我们的不孝，可是，我们对母亲的态度，简直到了犯罪的地步！"他声泪俱下，越说越感到对不起母亲，他带领弟弟妹妹找母亲认罪，兄弟姐妹 4 人跪在地上，放声痛哭，对母亲说："你打我们，骂我们吧，我们犯了不可饶恕的不孝之罪！"然后，他不顾母亲的百般阻拦，带了弟弟妹妹一起到官府，对县吏一一陈述了母亲对他们的恩德，又历数了他们是怎样地不孝敬母亲，请求官府惩处，以赎不孝之罪。

郡守得知此事之后，看他们确有痛改前非之意，不仅不处罚他们，还决定免除他家应服的徭役，令其回家好生孝敬母亲，并表彰了继母李穆姜对丈夫前妻留下的遗孤慈爱有加的行为。

在继母李穆姜的耐心教育下，6 个孩子都深明义理，健康成长，成为有用的人才。

继母李穆姜怀着一片诚心，抚养教育丈夫前妻的几个孩子，开始虽然没有得到应有的报偿，但李穆姜没有因孩子粗暴无理而动摇她那颗慈母之心，最后终于感动了孩子们，尽到了一个做母亲的职责。

为儿做厚褥大被

我国民间流传有一个"孟仁哭竹"的故事。是说古代有一个孝子叫孟仁，他十分孝敬他的母亲。有一次，他母亲生病想要吃竹笋，当时正值冬天，竹笋不可能长出来，他觉得不能满足母亲的要求，很对不起母亲，就面对竹林哭了起来。不料，他的哭声感动了大地，竹笋在冬天竟真的长了出来。这种故事，纯属虚构，只不过为了鼓吹封建的孝道罢了。

然而，孟仁确有其人。孟仁（？～公元271年），三国时期吴国江夏（今湖北鄂城）人，字恭武。原名叫孟宗，因为当时吴国皇帝孙皓（hào），称元宗，为避讳皇帝字而改孟宗为孟仁。起初，孟仁任吴国监池司马、太守，后又为吴国司空，掌管工程建设事宜。

孟仁从小在母亲的抚养教育下成长。他的母亲很贤慧，知情达理。为把孟仁培养成才，在孟仁十几岁时，就要送他到南阳（今属河南）跟随那里的一个叫李肃的学者求学。临行前，孟仁母亲手纺线织布，为儿子做了一条厚厚的褥子，做了一床很大的被子，让孟仁随身带走。

人们都知道，南阳地处河南、湖北交界的伏牛山区，虽然要从江夏北去几百千米地，气温也还是比较热的，用不着做那么厚的褥子，更不用做那么大的被子，邻人们都莫名其妙。于是，便有人问孟仁母：

"南阳同我们这里的气候差不多，干嘛要做这样的厚褥大被呢？"

孟仁的母亲说：

"我儿孟仁年幼无知，不懂得怎样和同伴们相处，也不会帮助别人。我想，他们一起求学的同伴，难免有缺衣少被的。我给他做厚褥大被，

他可以和那些家境贫穷的同伴同铺一条褥，同钻一个被窝。这样，能和那些品学都很好的同伴同床而卧，亲密相处，还可以受到好的影响和熏陶。"

邻居们听孟仁母这样一说，都明白了母亲的心思，感叹说："真是用心良苦啊！"

后来，孟仁到军中服役，当了一名下级军官，深感不得志。一天夜里，下起了大雨，屋漏床湿，连个安睡的地方都没有。不禁勾起了他悲观失意的伤感，他竟悲愤地哭了起来。母亲问道：

"深更半夜你哭什么？"

孟仁说：

"我读了这么多年书，竟混成了这个样子！"

母亲说：

"生活困难一点，有什么可怕的？常言说：'富贵不能淫，贫贱不能移。'生活越困难，越要自强不息，不能因此而悲观失望、坑忽职守。"

孟仁做监池司马时，监理官家养渔业。孟仁母照样过着清贫的生活。孟仁想：老母为抚养教育我成人，费尽辛劳，我做了官，她老人家也该享受一点了。于是，孟仁亲手织了鱼网，从官家鱼塘捕了鱼，制成腌鱼干，送给家中老母。母亲很不高兴，批评他说："你身为渔官，竟私自将官家的鱼拿到家里来，你也不怕旁人对你有意见？你赶快把鱼给退回去，这种不义之财我不能收！"

孟仁接受了母亲的批评，将鱼退回。

在母亲的教育下，孟仁为官以清廉出名，受到人们的称赞。

人们常说：父母是孩子的首任教师，也是终生教师。孟仁的母亲从他小时候起，就注意对他进行教育，而且，在孟仁的整个成长过程中，她始终注意对他进行思想品德教育，成为孟仁一生成长的引路人，是一位令人敬佩的母亲。

泰瑛教子有法规

泰瑛是西晋南郑（今属陕西）人，杨拒之妻，掌管朝祭礼义之事的大鸿胪刘巨公之女。她从小受到很好的家庭教育。

她同杨拒结婚之后，生了6个孩子，其中有4个男孩，2个女孩。杨拒死后，6个孩子由她一人抚养教育。她对子女要求很严格，发现问题总是抓住不放，给予耐心的说服教育。

泰瑛的长子元珍，自小性情放荡，不太懂得规矩。他父亲在世时，还稍好一点，虽有时有不检点之处，并没有做过什么出格的事。其父去世以后，他以为没人管得了他，在思想行为上很放任自己，成天和一些不爱读书学习的富家子弟吃吃喝喝，对弟弟妹妹影响很不好。其母泰瑛曾多次批评，他还是改进不大，为此，泰瑛非常生气。

有一次，元珍到晚饭过后好久还没有回家，其母估计他又是和那些富家子弟吃吃喝喝去了。果不出其母所料，不一会儿元珍踉踉跄跄地回家来了。他满脸通红，口里大口大口地吐着呛人的酒气，不知又到哪里喝得这样酩酊大醉。泰瑛就是担心他沾染上酗酒的毛病，可他还真的迷上了喝酒。看来，不狠狠地教训他，他是改不过来的。元珍昏昏沉沉地睡了一夜。第二天起床后，他把昨天的事忘得一干二净，当他有事叫他母亲时，泰瑛不理他。第三天、第四天还是不理他，这样一连过了10天。

元珍知道母亲是生他的气，感到很后悔。第11天，他跪在母亲面前，沉痛地检讨自己的错误，说："是我这个不孝之子不务正业，吃吃喝

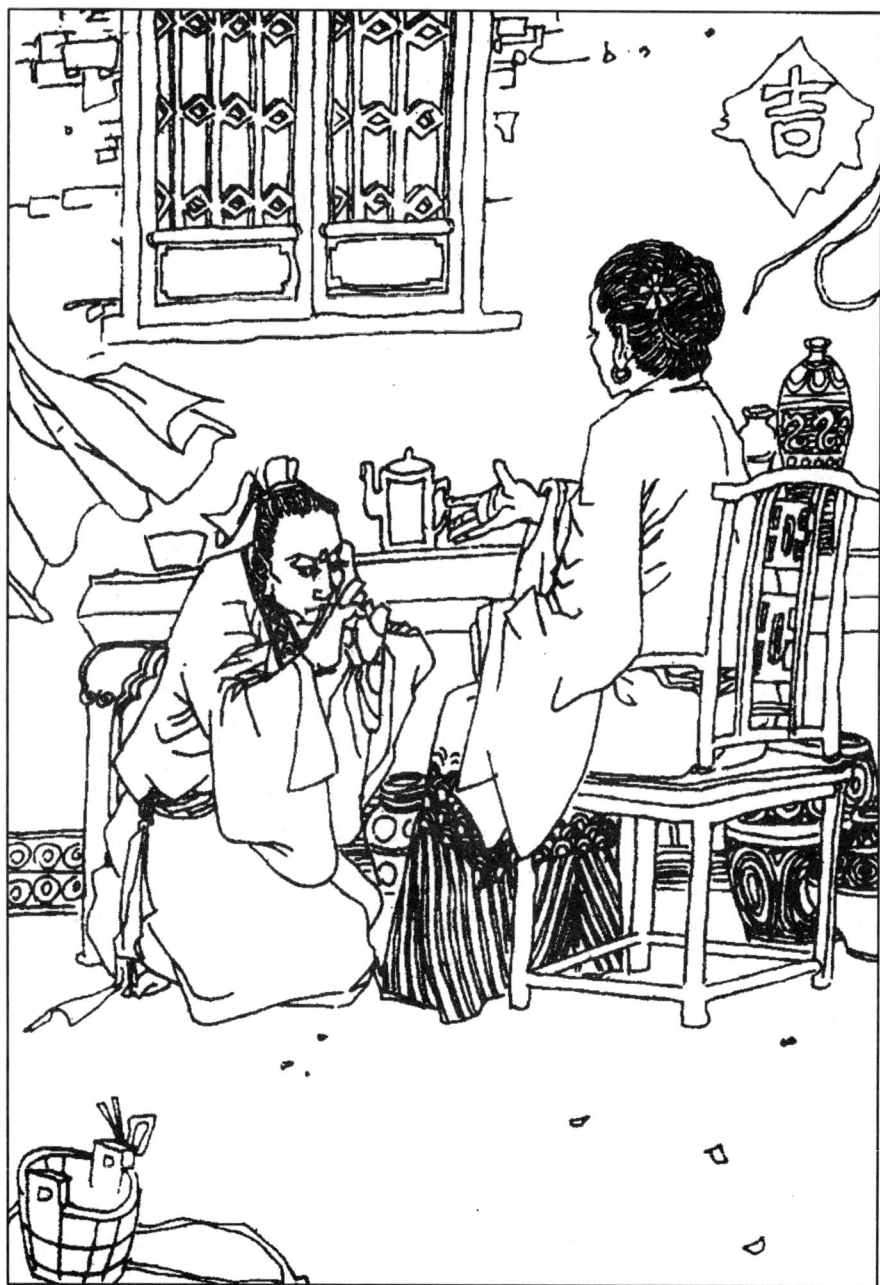

喝，惹您老人家生气了。以后，我再也不胡作非为了。"母亲泰瑛还是不理他，连看都不看他一眼。元珍跪在地上不起来，苦苦哀求母亲息怒。泰瑛看儿子有痛改前非之意，气愤地对儿子说：

"你还是个做哥哥的，看你这所作所为，配做哥哥吗？你父亲去世得早，留下你兄弟姐妹 6 人，我这样一个寡母容易吗？你作为大哥，本应帮我带好你的弟弟妹妹，给他们做出个好样子来，要不让他们向你学什么？跟你一样去学酗酒？我现在还健在，你竟敢如此胡作非为，我老了，将来我不在人世，还不知你要胡闹到什么地步！你这做哥哥的是这个样子，我死了能闭眼吗？"元珍听了母亲的教诲，受到极大震动，向母亲一再表示：从今以后，一定规规矩矩，行正理正道。

次子仲珍，虽不像大哥元珍那样吃吃喝喝不务正业，可交往的一些青年朋友也不是德才都很好的人。有一次，他未经母亲同意，邀了一些平时的朋友来家做客，母亲泰瑛一看，都是一些不求上进的人。事后，她对仲珍说："古人说'无友不胜己'，结交的朋友最好都是德才很好的人，这样，才能互相促进、互相帮助，德才都有长进。你交的这些朋友，对你能有什么帮助呢？"仲珍听了母亲的话，连连点头。

在母亲泰瑛的教导下，几个孩子都很懂事，长大后都很有出息。

我国古人向来十分重视孩子的交友。因为同年龄孩子之间，有共同的情趣，共同的语言，很容易互相影响。交了好朋友，就会受到好的影响；交了不太好的朋友，就会受到不好的影响。《颜氏家训》说："是与善人居，如入芝兰之室，久而自芳也；与恶人居，如入鲍鱼之肆，久而自臭也……君子必慎交游焉。"明代王阳明说："但愿温恭直谅之友，来此讲学论道，示以孝友谦和之行，德业相劝，过失相规，以教训我子弟，使毋陷于非僻。不愿狂躁惰慢之徒，来此博弈饮酒，长傲饰非，导以骄奢淫荡之事，诱以贪财黩货之谋。冥顽无耻，煽惑鼓动，以益我子弟不肖。"

泰瑛觉察到长子变坏的一个重要原因，就是结交了一些酒肉朋友，所以，就及时提醒次子仲珍要注意选择一些德才都好的人作朋友。泰瑛不放任孩子，对孩子从严要求，是一个好母亲。

泰姬教男戒女

西晋时期，南郑有一妇女叫泰姬，是赵宣之妻。她生了七男七女，共14个孩子。尽管孩子很多，但她从未放松对孩子进行教育。

自古以来，我国在孩子很小的时候，就对男孩和女孩进行不同的教育。如《礼记·内则》中说："子能食，教以右手；能言，男唯女俞。男鞶革，女鞶丝。七年，男女不同席，不共食。"是说从孩子会自己吃饭时，就开始教他们玩玩具；从会说话开始，就分别对男女进行不同的教育和训练。对男孩，教他们用一般的声调说话，对女孩，教她们用委婉顺从的声调说话。男孩，让他们腰里系皮带，女孩，让她们腰系丝带，以培养男刚女柔的不同性格。

泰姬按照古代的传统，也分别对男孩和女孩进行不同的教育。她根据男孩一般性格活泼不受拘束的特点，经常教育他们说："我们普通人的脾气禀性，是可以变化的，既可变好，也可变坏，这里边关键在于经常检点自己的言行举止。如果不严格要求，放纵姑息自己，任自己自由发展，很容易养成不良习气，走了邪路。"

她还用古人注意自身修养的传说，教育男孩子。她说："战国时期，魏国有一个人叫西门豹，他在受任邺（今河南安阳北）令时，破除害人的巫术迷信，严惩'三老'、'廷椽'与'豪长者'，废止为河伯娶媳妇的十分残忍的传统做法，为人民除了一大害，深受百姓感激、爱戴。西门豹年轻时，脾气暴，肝火盛，遇事好发急。他深知自己的弱点，便有意识地佩戴皮质柔软的熟皮皮带，用以时刻告诫自己，遇事不要急躁。春秋时期，鲁国有一个人叫宓（Mì）子贱，生来性情疲塌，没有朝气，是个慢性子。他深知自己的弱点，便经常随身佩戴一张紧绷绷的弓，以激励自己遇事要果断，行动要迅速，不要拖拖拉拉。由于他们针对自己的弱点，时时刻刻注意检点自己的言行，身上的毛病都逐步得以克服，后来都成为天下的名士！"

她针对妇女的特点，结合自己的切身体会，经常教导女儿和儿媳们说：

"我在怀孕的时候，就注意实行胎教，处处约束自己的言行。当孩子

出生以后，就注意精心哺育、爱抚他们。等他们懂事以后，就注意教他们礼貌、恭谨、勤劳、孝顺、忠信等，处处严格要求他们，因此，他们长大以后都成为有用的人才。这些都是我做母亲的经验，你们身为妇人，将来都要做母亲，你们要铭记，千万不要忘记。"在泰姬的精心抚养和耐心教育下，她的七儿七女都成为品德很好的人。她的 7 个儿子，个个都做了官。

中国古代，由于男尊女卑的封建思想作怪，一般都指望男孩长大成为有德才的人，女孩将来能从事家务，做贤妻良母即可，培养目标不同，教育内容也不同，这是不合理的社会现象。泰姬的教育思想也没有超出这个范围。尽管如此，她针对男女不同性别的个性特征，对男孩女孩分别给予不同的教育，要他们严格要求自己，这也是有积极意义的。

皇甫谧受教于婶母

魏晋时期，有一位著名的医学家叫皇甫谧（mì）（公元 215 年～公元 282 年）。幼名皇甫静，字士安，自号玄晏先生，安定朝那（今甘肃平凉西北）人，东汉北地太守皇甫嵩之曾孙。他曾经跟随儒家学者学习儒家经典。中年时得了半身麻痹症，于是潜心钻研医学。他根据《素向》、《针经》、《明堂孔穴针灸治要》等书，写成一本针灸学专著《针灸甲乙经》，书的全名为《黄帝三部针灸甲乙经》。该书阐述了经络理论，明确穴位名称和位置，并详细叙述了疾病的针灸取穴法等，总结了晋朝以前我国针灸学的成就。另外，他还著有《帝王世纪》、《高士传》、《烈女传》、《玄晏春秋》等书。

皇甫谧的曾祖父皇甫嵩曾经做过汉朝的将领，到了晋朝，家道已经没落。皇甫谧的父母双亡，寄养在叔父母家中。他之所以能取得这么大的成就，同他婶母的教育是分不开的。

皇甫谧家里虽然很穷，可是他本是富贵人家的子弟，从小养成了懒散的习惯。他既不愿劳动，也不爱读书学习，整天在社会上游荡，和一些游手好闲的浪荡公子哥们鬼混，到了 20 岁都还没有什么成就。人们都说，皇甫家养了个败家之子。

他的婶母任氏没有孩子，待他很好，像对亲生的儿子一样关怀他、照顾他，他对婶母也很孝敬。有时从外面得到一些瓜果，总要拿回来，请婶母尝尝鲜。

婶母任氏平时总是劝他上进，学点本事，不要老是混日子过，但效果不明显。婶母决心找机会刺激他一下。

有一次，皇甫谧又从外面拿一些瓜果回家，让婶母吃。婶母不吃，很不高兴地对他说："你认为给我拿点瓜果来，就算是孝敬吗？《孝经》上说：'三牲之养，犹为不孝。'每天早晚都给长辈送上牛、羊、猪肉，也不能算是孝敬。现在，你都20岁了，还不务正业，不读书学习，不懂得道理，你有什么使我感到宽慰的呢？"

婶母任氏一边叹气，一边流着眼泪说："从前孟子的母亲，为了不让孟子受到不良影响，不惜三次搬家；曾子的妻子原哄骗孩子要杀猪煮肉吃，后为不让孩子学会说谎话，曾子就真的把猪给杀了，以表示言而有信。你现在这样不成才，究竟是什么原因呢？是我居不择邻，还是我教育得不好？我已经为你费尽了苦心。可你为什么这样懒惰呢？其实，学问、道德，学好了都是你自己的东西，同我有什么相干，必须由你个人去努力！唉，我养你这么大，不过是白辛苦罢了。你都20岁了，还是这个样子，我真对不起你死去的父母。"说完，不禁放声哭了起来。

皇甫谧听着婶母的教诲，深受感动，向婶母表示，以后一定改正过去的毛病，好好读书学习。

任氏表示不相信，她说："江山易改，本性难移。你这些坏毛病能改得过来吗？"

皇甫谧悔恨交加，对婶母说："您就看我的行动吧。"他果真下了决心。

从那以后，他再也不到外边游荡，并和那些游手好闲的公子哥们断绝了往来，拜附近的学者坦席做老师，开始读书学习。当时他婶母家也很贫困，他又要读书，又要劳动。为读书劳动两不误，他每天早上起来，扛上锄头，带着书本下地劳动，休息的时候，就拿出来读。这样年复一年，他读了许多书，成为当时最有学问的人之一。

到了中年，他得了半身麻痹症，又错听了庸医的话，吃了一种叫"五石散"的药，全身发热，数九寒天想光着身子躺在冰上去，三伏天更是热得浑身大汗淋淋，连气都透不过来。他痛苦极了，想举刀自杀。婶母任氏狠狠地批评他说：

"你读了那么多的书，就是为了在世上做点事。你这样轻生，想一死了之，那过去的辛苦不是白费了吗？你的病虽然没有什么好转，但你怎么知道就一定治不好呢？"

皇甫谧听了婶母的话，打消了自杀的念头。医生治不好他的病，他就拖着病身子自己找医书看，后来他终于看到针灸可以治疗痿症的记载。他仔细研究《内经·明堂孔穴》等书，并且在自己身上实践，细细地体会各个穴道，各种针法的效应，不但病情有所好转，还有许多新发现。在这个基础上，他广泛地搜集和整理过去的各种针灸史料，加上自己的心得体会，写成了一部《针灸甲乙经》，这是我国历史上第一部完整的针灸专著。皇甫谧为祖国医学事业的发展，做出了卓越的贡献。

晋武帝在位时，曾多次请皇甫谧入朝做官，他都以身体不好不能胜任为由一再推辞，但却带病潜心钻研医学，要在医学上再搞出一些成果来。晋武帝为他的事业心和治学精神所感动，问他有什么困难，需要什么条件，随时都可以提出来，一定设法帮他解决。皇甫谧说："别的我什么都不需要，只希望能借给我一些医书阅读。"晋武帝满口答应，不久，便亲自派人送给他一车书籍。

皇甫谧从小成为孤儿，无人管教，养成了一些坏毛病，是婶母任氏教育了他，挽救了他，使他改邪归正。作为婶母，抚养教育这样一个过继的孩子，说深了不是，说浅了无助，的确很难掌握分寸。但是，婶母任氏为使皇甫谧长大成人以后，能成为一个有用的人才，对他严格要求，耐心教育，循循善诱，终于使他走上了正路，对祖国的医学和史学发展，做出了卓越的贡献。她对皇甫谧教育的态度是积极的，方式方法是行之有效的。现在，有的无子女的父母，收养过继或抱养的孩子，只知道生活上关心，物质上满足，一味娇惯溺爱，自以为是在施爱，其实恰恰是在害孩子。类似这样的父母，应从皇甫谧的婶母任氏身上受到教益。

"无祖母无以至今日"

西晋时期，有一官吏叫李密（公元 224 年～公元 287 年），武阳（今四川彭山东）人，字令伯，别名李虔。他曾从师于三国时蜀国名士谯周，研究经书典籍，写得一手好文章。三国时期，他曾任蜀国尚书郎。蜀国灭亡后，西晋晋武帝征他为太子洗马。当时其祖母刘氏年近百岁，为终养祖母，李密上书《陈情表》给晋武帝，请求能允许他暂不赴任，在家赡养老祖母，待以后再奉诏前往赴任。《陈情表》陈述了他自己的身世，说明他不能如期赴诏的原因。文章词语恳切，笔调婉曲动人，在语言的锤炼和写作技巧上，都有独到之处，是一篇很精彩的散文佳作。李密为什么要给皇帝写这样的《陈情表》呢？

李密小时候很不幸。他刚刚出生 6 个月，父亲就去世了，由母亲何氏一个人抚养。当时，妇女在丈夫死后再嫁的，并不是个别现象。即便是这样，何氏并不想再嫁。其原因，一是李密年龄很小，需要有人照顾；二是李密的祖母年迈体弱，也需要有人侍奉。一老一小都离不开她，何氏怎能狠心丢下这可怜的祖孙二人呢？

然而，那时候妇女在家庭里的地位很低下，没有独立的人格，自己不能掌握自己的命运。就在李密 4 岁的时候，他的舅父自作主张，硬逼着李密的母亲改嫁到外地。

李密早年丧父，4 岁又失去母亲，孤苦零丁，精神上受到极大的打击。他从小就身体虚弱多病，生活不能自理，连路都不会走，一直到 9 岁时，才能独立行走。在母亲改嫁后，李密同 50 多岁的老祖母相依为命。李密的父亲是独生子，没有兄弟姐妹，也没有比较亲近的亲戚，祖孙二人没有任何亲戚、朋友周济，终年不得温饱，生活十分困难。就在这种艰难困苦的情况下，祖母精心照料李密，耐心教导李密，终于把他抚养长大成人。

李密深知自己是怎样才得以生存下来的，对祖母十分孝敬。在蜀国灭亡后，李密回到家中祖母身边。由于多年辛苦，祖母的身体很不好，一直疾病缠身，常常卧床不起。李密日夜守护在祖母身边，殷勤侍奉，细心照顾，替祖母端茶送饭、端屎端尿。他从外地请来名医，为祖母治病，还亲自抓药、煎药，每次煎好药，自己先试试冷热，然后，再一匙一匙地给祖母喂药。这样，数月如一日，从未离开过祖母病床一步。

就在这时，西晋皇帝晋武帝亲下诏书，要他出任太子洗马之职。随后，郡县州各级官吏也三番五次催促他上任。他看着老祖母病成这个样子，无人照料、供养，实不忍心离开祖母，可皇帝诏令已下，也不敢置之不理。李密又想到：自己原为蜀国的官吏，是亡国之臣，如置之不理，恐怕要引起晋武帝的误会。于是，他上表陈情说：

"……我身为已经灭亡的蜀国的旧臣，又无什么真才实学，能受到这样的器重，仍旧命我做晋国的官吏，我感谢皇帝恩泽深厚，怎么敢违抗皇帝的命令呢？只是因为祖母'日薄西山，气息奄奄，人命危浅，朝不虑夕'，我不能在这时刻离开祖母。回想起来，我李密之所以能有今日，全靠祖母一手抚养教育。'臣无祖母，无以至今日；祖母无臣，无以终余年'。多年来，我们祖孙二人相依为命，现在祖母更需要我照料她。我李密今年44岁，祖母今年96岁，我为国尽力的日子还很长呢，可赡养孝敬祖母的时间并不多了。敬请皇帝陛下恩准我像孝鸟乌鸦反哺于母那样，报恩于祖母……"

晋武帝看到李密词意婉转凄恻的《陈情表》，为他的孝敬祖母之心所感动，批准他的请求，还下令嘉奖，赐给他家奴婢二人，侍候李密的祖母。并决定由当地郡县负责供养他祖母的一切生活费用。后来，祖母死后，他守丧服终，才上任太子洗马，以后他又出任温（今河南温县西）令、汉中太守等职。

　　李密的祖母刘氏，中年丧夫，老年丧子，儿媳又改嫁，家里只剩下体弱多病的小孙子和她这一老一少，生活重担全都压在她一人身上。生活的极大不幸，没有摧垮刘氏的意志，生活的重担，没有把她压垮。她老人家毅然承担起了抚养孙子的责任，经历了千辛万苦，终于把李密培养成才。从刘氏身上，我们看到了中国古代妇女忍辱负重、吃苦耐劳、意志坚强的美德。

陶母封鲊

东晋时期，庐江浔阳（今江西九江）有一个人叫陶侃（公元259年～公元334年），字士行（或作士衡）。起初为县吏，后来渐渐升为郡守。在击败杜弢领导的反晋武装以后，被任命为荆州刺史，坐镇武昌。不久，为当时的镇东大将军王敦所攻击，调任广州刺史。

在广州任职期间，中原一带为割据势力所占据，为了有朝一日收复中原，他坚持身体和意志的锻炼。每天清晨，他把100块砖搬到院内，傍晚，又把100块砖搬进屋去。不论春夏秋冬，也不论阴雪雨晴，天天如此，从不间断，一直坚持数年。

王敦失败后，陶侃又回到荆州。太宁三年（公元325年），被封为征西大将军。咸和二年（公元327年），苏峻、祖约发动叛乱，攻陷建康（今南京），唆使军队烧杀抢掠，无恶不作。328年，陶侃奉大臣庾亮、温峤之命一举平息了苏峻、祖约之乱，收复了建康。后来，任荆州、江州刺史，都督八州诸军事。

陶侃一生为官，勤于职守，处事决断，贤明有胆识，四十年如一日。他累建奇功，被封为柴桑侯，享有四千户的俸禄，但他从不奢侈，不善欢喝酒，也不赌博，对部下要求也很严格。他发现有官吏酗酒、赌博，就令人把酒具、赌具扔到江中，并严加惩处。他爱惜时间，喜欢读书学习，并勉励人们爱惜一分一寸光阴，他说："大禹圣人都能爱惜寸阴，至于我们一般人，更要做到爱惜光阴！"他为政缜密，做事有心计，组织人力造船时，向来都要求把竹头碎板收藏起来，准备以后造船时再用；要求把木屑也留下来，以备雪后垫地，可以照样练兵。这些好的品德为世人称赞。

陶侃之所以具有这样好的品德，是受到他母亲湛氏的教育和影响的结果。

陶侃出身贫苦，从小就和母亲相依为命，艰苦度日。为把陶侃培养成才，母亲湛氏昼夜纺线织布，很早就送他上学读书。

陶母要求陶侃非常严格，不许他和那些有钱人家的子弟交往，经常教育他要广交那些才德比自己好的人作朋友。陶母为人诚恳敦厚，只要是陶侃的好友来到家里，家里再困难也要设法好好招待。有一次，陶侃的好友范逵来到陶家看望陶母。当时正值严冬，天上下着大雪，天黑路滑难以赶路，陶母留范逵住下，第二天再启程回家。当时，陶母家生活十分困难，吃了上顿没下顿，纯朴热情的陶母想尽一切办法也要款待范逵。家里没有喂马的草，她就把炕上铺的谷草搬出来，亲手铡碎，喂饱范逵的坐骑。没有可口的饭菜招待范逵，陶母就背着儿子和范逵，偷偷地剪下头上的长发，卖给邻居，换来钱买了菜热情招待范逵。这些情况，范逵当时一点也不知道。后来，当他得知以后，极为感动，他逢人便说："难怪陶侃德才过人，非此母不生此子！"

在陶侃长大为官以后，陶母常常教育他，在外为官要清廉自守，不可贪图不义之财。在陶侃任浔阳县吏的时候，曾经监管官家的养鱼塘。陶母一人在家，陶侃公务在身，不能常去探望老母，总觉得没有尽到孝心。一天，陶侃想：官家的鱼塘养了那么多鱼，何不给老母送些去以表孝心。他未加考虑，就派人给家中老母送去一罐腌鱼。陶母问来人："这腌鱼是哪里来的？"来人说："是官家的。"陶母又问："是陶侃花钱买的吗？"来人说："官家鱼塘的鱼多得很，县太爷要给您老送点鱼，还花什么钱。"陶母听了，非常生气，当即让来人把鱼罐照原样封好，并亲笔写了一封信，托来人把鱼和信一并带给陶侃。信中愤愤地责备陶侃说："你身为做官之人，竟凭借手中的权力，私自将官家的东西送给我，你这是在孝敬我吗？不是。你是在给我心里增添忧虑和不安，你这不孝之子！"

陶侃看了母亲的信，又看了看退回的腌鱼，心里十分不安，深深地

责备自己；同时，也更加敬佩自己的母亲。从那以后，陶侃再也不做这种事了。这就是有名的"陶母封鲊"的故事。

中国有句古话："富贵不能淫，威武不能屈，贫贱不能移。"是说在任何情况下都要保持高风亮节。陶母在儿子做了县吏之后，坚持清廉自守，不贪图享受，不受不义之财，保持了劳动妇女的优秀品质，实为人们所敬佩。陶母的为人处事，无疑对陶侃的思想产生了巨大影响。难怪范逵称赞说："非此母不生此子！"

励子远征

　　虞（Yú）潭是 1600 多年前晋朝时期的人，是一位精明强干的军事家，一生中绝大部分时间都是在部队中统兵作战。他表面看起来文弱而温和，但办事很精明，处理问题坚决果断，作战勇敢，善于用兵，所以几十年中很少打败仗。他曾受到晋成帝司马衍的赞赏。

　　俗话说：一个成功者的背后，总有一位支持者。正是这样，虞潭能全身心地统帅部队转战南北几十年，离不开他那明智的母亲对他的教导与支持。

　　虞潭的母亲姓孙，是三国时孙权的本家孙女，人们称她为虞孙氏。虞潭还在很小的时候，他的父亲虞忠不幸去世了。年轻的虞孙氏悲痛之余，下决心要把虞潭抚养长大成人。

　　虞孙氏是一位刚强的妇女。她为了把孩子拉扯大，整日操劳，纺纱织绢，并且是亲自挑着绢到集市上去卖。就是这样，孤儿寡母也还是常常填不饱肚子。在痛苦的煎熬中，给虞孙氏带来欢乐和希望的就是虞潭。看着这可爱的孩子一天天地长大了，而且是那样的聪明活泼，妈妈的心里再苦也觉得甜。在虞潭很小的时候，母亲就开始教他认字、读书。虞潭记性好，学得快，母亲特别高兴。

　　虞潭长大后，果真成了一个品德端正、才华出众的人。开始他中了秀才，永嘉末年又在朝廷中做了太守。就在他上任不久的时候，正赶上杜弢作乱，虞潭奉命领兵前去征讨。出发前，母亲对他说："你一定要以国家利益为重，千万不要贪生怕死啊！"部队眼看要远征作战，但一时又

发不下粮饷费用，虞潭心急如焚。母亲知道后，把多年来母子置办的家产卖掉，用这些钱为部队解燃眉之急，士兵们知道后，大为感动，在虞潭的指挥下，英勇作战，很快就平定了杜弢的叛乱。

不久，苏峻也起兵反晋。虞潭部队稍加休整，又要出征，母亲把家里的仆人也派去随虞潭打仗，并摘下手上的戒指、头上的簪子等首饰交给儿子，以做部队的费用。她一再对虞潭说："儿子，你放心去作战。我虽然年纪大了，但还能料理自己的生活。你不要挂念，要全心为国杀叛贼！"

不仅如此，虞孙氏还让虞潭把他的儿子带上，让他们父子一同奔赴战场。虞潭对母亲说："我长年在外，不能照顾您老人家，就让您孙子留下来服侍您老人家吧！"儿子的恳求丝毫没有动摇母亲的为国之心，她坚定地说："我说过了，我能自己照顾自己！你们放心地去吧。"

就这样，她老人家把儿子、孙子一同送上了平叛乱军的战场……

不孝之子悔过

南北朝时期，魏朝东清河太守叫房景伯，字长晖。他的母亲崔氏，出身于书香门第，精通各种经书，在景伯很小的时候，就亲自教他读书。因此，房景伯从小就知情达理，孝敬父母。

房景伯在任清河太守时，有一位叫贝邱的母亲，她有个儿子，很不孝敬她。贝邱忍无可忍，就到官府控告他的儿子。房景伯听了那位母亲的诉说，又气愤又难过。

他回到家中，将此事告诉了母亲崔氏，问怎样才能教育好这个不孝敬老人的儿子。崔氏想了想，对房景伯说："你不要太难过，你不是从小就很孝敬我吗？你去把他母子请到家里来，让那儿子亲眼看看你是怎样孝敬我的，他会受到教育，改正错误的。"

遵照母亲的旨意，房景伯派人将贝邱母子请到家中，让贝邱和自己的母亲同床而睡、同桌用饭，由房景伯侍奉两位老人，请贝邱的儿子站在一旁看着。这样朝夕相处，过了半个月，贝邱的儿子深受教育，请求让他回家侍奉老母。

崔氏阻拦道："表面上看来，你觉得很惭愧，其实你只是看得有点不耐烦了，并没有真正动心。你还得要看，暂时先不要走。"

贝邱母子在房景伯家又继续生活了20多天，不孝之子深深地为房景伯孝敬老人的行为所感动，内心十分惭愧，他再也看不下去了。他跪在两位老人面前，哭着说："我不孝敬母亲，天理不容。回去后，我一定像太守那样孝敬老人，我说到做到。"

　　崔氏看他果真有诚意，才让其母子回家去了。自那时以后，贝邱的儿子很孝敬她，就像房景伯孝敬母亲那样。

　　崔氏利用榜样教育贝邱的儿子，这种教育方法直观、形象，效果很好，很值得今天的母亲们效法。

女经学家宣文君

宣文君（公元 283 年～?），十六国时期前秦女经学家，姓宋，名字失传，是太常韦逞之母。

宣文君在幼年就失去了母亲，由其父抚养。其父看她从小就很聪明伶俐，就亲自向她传授儒家经典《周官经》。父亲对宣文君说："这部《周官经》是周公所编著（经查，这种说法有误，现定为战国时代的作品——编者），它收集、记载了周王室官制和战国时代各国制度，是一部重要的儒家经典。我们家世世代代都以研究、传授《周官经》为家业。到你这一代，我家无男孩子，只有你一个女孩，为不使家业失传，我决定把这些学问传授给你。你必须恭恭谨谨地学，刻苦地钻研，不然的话，研究《周官经》的学问就要在我国后继无人了。"宣文君把父亲的教诲铭记在心中。

在父亲的指导下，宣文君每日诵读，下苦功夫钻研。当时，连年战乱，人民生活很不稳定。就在这种情况下，宣文君照样精研《周官经》，从不懈怠。

公元 334 年～公元 349 年期间，后赵皇帝石虎在位。他性同野兽，荒淫无耻，穷奢极侈，横征暴敛，强圈民地，征调无度。人民的脂膏被剥削得干干净净，饿死了十之六七。人民为了逃避赋役，纷纷离家逃命。

这时，宣文君早已结婚生子。为求活命，她身背父亲传给她的《周官经》，跟随丈夫、携带儿子徒步迁徙到山东。在那里依靠胶东富人陈安寿的资助维生，生活十分艰苦。宣文君时刻都没有忘记研究《周官经》，

生活的清贫也没有动摇她把《周官经》的学问一代一代传下去的决心。在儿子韦逞长到 10 来岁时，就给他讲解《周官经》。白天，她要上山打柴，但不管有多劳累，晚上还要在昏暗的油灯下教子读经。在儿子睡觉以后，她又操起纺车纺线，或者抚机织布，好挣得钱来供儿子求学读书。在宣文君的亲自指导下，儿子韦逞对《周官经》的研究也很有成就，后被任命为专门负责祭祀礼乐的太常。

公元 338 年～公元 385 年，前秦国王苻坚在位。他很重视儒家学问的研究和传播，担心礼乐废阙，于是，大兴学校，广招精通并能传授周官学的人才。他把各位经学博士传来，询问有没有人能胜任传授《周官经》。博士们面面相觑，纷纷摇头说不能胜任。一位叫卢壶的博士上前禀告秦王说："现在，精通《周官经》的学者，的确不多了。我听说，太常韦逞的母亲宋氏，继承了她家世代相传的家学，是她父亲亲传的，很精通《周官经》。她现在已经 80 多岁了，不过身体很好，耳不聋眼不花。看来，只有这位老人才能担负起传授《周官经》的重任。"

秦王苻坚听了，亲自下诏书，请来宋氏任教。设立《周官经》讲学堂，招收学生 120 人，由宋氏给学生讲解《周官经》。在宋氏的努力下，《周官经》之学不仅得以保存，而且又流传下来。为表彰宋氏的功绩，秦王苻坚赐予她为"宣文君"。

在封建社会，像宣文君这样有才华的女子并不多见。为了继承、保存祖国的文化遗产，她在极为艰难、困苦的条件下，刻苦钻研，成为不可多得的专门人才。同样也是为了继承、保存祖国文化遗产，她还精心培养儿子韦逞，教授《周官经》，也把儿子造就成专门人才。宣文君的确是一位了不起的母亲。

督子奉法持正

　　隋唐时期，有一个官吏叫郑善果，是荥阳（今河南郑州）人。在隋末唐初，他先后在隋朝和唐朝任过官职。起初，任隋朝沂州刺史、鲁郡太守；后来，在唐朝任检校大理卿。他在任职期间，奉法持正，政绩卓著，在官吏中很有影响。人民群众都赞扬他能克己自励，是一位清官。郑善果之所以能如此，同他母亲的严格要求和谆谆教诲有直接关系。

　　郑善果的母亲崔氏，是清河（今河北南部）人。13岁时嫁给荥阳人郑诚。后来，郑诚在讨伐叛乱者尉迟回的战斗中战死，崔氏年仅20岁就守寡。其父要崔氏改嫁，崔氏不忍心丢下刚刚几岁的郑善果，她抱着孩子苦苦哀求父亲说："我的孩子这么小，他需要有母亲抚养照料，我抛弃他是不慈；郑家的后代留给我，我要对得起死去的丈夫，抛弃他的遗孤，对丈夫是不义。我决不做不慈不义的事。如果父亲您要强迫我再嫁，可别怪我不孝。"父亲看女儿坚决不愿再嫁，怕假如再强逼下去，要逼出人命案来。于是，就向女儿做了让步。

　　开皇（隋文帝年号，公元581年～公元600年）初年，郑善果被任命为沂州刺史，后又迁任鲁郡太守。郑善果母崔氏曾经广泛涉猎各种史书，通晓政事，性情贤慧，情操高尚。在郑善果小时候，她就非常重视对他进行教育，对他的一言一行要求十分严格，郑善果受益匪浅。就是在郑善果为官之后，仍旧十分关心他的为政。郑善果每次到官府处理公务，母亲崔氏都随同前往，坐在官府大厅旁边的帷帐后面，悄悄地看儿子是如何处理政事的。当儿子郑善果处理问题得当或断案公正时，她心里非常高兴。儿子回到家里，她就主动招呼儿子陪她同桌吃饭，母子两人对坐，谈笑风生，饭菜吃得香甜，饭量也大。而当发现儿子玩忽职守，敷衍了事，处理公事不当或者断案不公正时，她就非常生气，回到家后，整日郁郁不乐，不思茶饭，有时还躺在床上伤心落泪。

有一次，郑善果下朝回到家来，向母亲请安，母亲不理睬他。郑善果知道自己今日又做了错事，他跪在母亲床前请罪，母亲还是不理睬，他就一直跪在那里，哀求母亲息怒，请求母亲指出儿的过错，表示一定要改正。

崔氏看儿子有诚意认错改错，就从床上坐起来，对郑善果语重心长地说：

"善果儿，我不是生你的气，我是在生我自己的气，是我没把你教育好，我对不起你们郑家的祖先。我从13岁嫁到你们郑家，亲眼看见你祖父、父亲的为人处世。他们为官，向来忠于职守，奉法持正，为官清廉，办事谨慎，从未对公事敷衍，草率从事。你的父亲为维护国家统一，镇压叛乱，出生入死，以身殉国。实指望你能像你的父亲那样，不要丢掉我们家的本分，不要败坏我们家的门风。小时候，我可怜你年幼孤单，对你有慈无威，只知道体贴、慈爱你，对你缺乏严格要求，把你给惯坏了，到现在你却很不懂得做人为官之道。像你这样，怎么能继承你祖父的业绩和遗志呢！

"你从一个不懂事的孩子，长大成人，到今天你做了官，这几十年我花费了多少心血呀！你身居要职，只知享受优厚的俸禄，对公事却是敷衍从事，很不认真。你这样做，不仅是严重的失职，也是背离了我家门风，将来我死以后，在九泉之下有何脸面去见你的父亲！"

郑善果听罢母亲的谆谆教诲，觉得自己的言行有愧于先人，也辜负了母亲的期望，心里十分难过。他非常诚恳地请母亲看他以后的言行，崔氏这才了事。

郑善果小时候，崔氏为维持她们母子的生活和供养郑善果读书求学，常常是不分黑夜白天纺线织布。在郑善果做官以后，有了较为优厚的俸禄，家庭生活并不困难。可崔氏还和过去一样纺线织布，有时到深更半夜才上床休息。郑善果不理解这样做是为什么，于是便问道："儿善果现在位居三品官，就我所得的薪俸，我们全家的生活过得富富有余，你这么大的年岁，何必还要这样辛苦呢？"

母亲崔氏说：

"你现在已经是几十岁的人了，我想，你早已懂得天下的义理。可今天听你提出这样的问题，看来你还很无知，不太懂得做人的道理。你要知道，今天你能有这么多的薪俸，是天子用来奖赏你的为国捐躯的父亲的功绩，我们应当用来接济那些生活贫困的亲戚朋友，这样做是符合你父亲的愿望的。怎么能够全都据为己有，只顾我们自己享用呢！

"再说，纺线织布是我们妇人的本分，我不能任意丢掉。现在生活条件好了，我就不干什么活了，只知享受，那就是懒惰。我从小虽然受教育不多，懂得义理也少，可我至少也不能去败坏自己的名声呀！"

郑善果的母亲崔氏对儿子进行教育，常常摆事实，讲道理，注意言教；与此同时，更重视身教，处处以身作则，给郑善果做出榜样。崔氏自丈夫死后，从不涂脂抹粉，打扮自己。平日她举止端庄，克己自守，从不东家串西家走。就是生活条件好了以后，也照样过着俭朴的日子，还是粗茶淡饭，除非家里来了客人，平时从未看到桌上摆过鸡鸭鱼肉。而对于亲戚朋友，却是慷慨大方，如有婚丧嫁娶之事，她毫不吝惜钱财，都要以厚礼馈赠。亲戚朋友送来的礼物，不管是多是少，一份也没有收过，全都退回。

看到母亲能够如此克己自励，郑善果非常敬佩。在母亲的言传身教下，郑善果为官廉洁自守，执法公正，从未收过部下官员和百姓的贿赂，更不凭借职权敲诈勒索，当时人们都一致称赞他是清官。

郑善果的母亲教育郑善果是下了很大功夫的，而且效果相当好。她的家庭教育之所以成功，大致有这样几个特点：一是责任心强，以抚养、教育儿子为己任；二是负责到底，不仅注意早教，而且在儿子长大成人做官以后，还在注意进行教育；三是利用家风教育儿子，要儿子继承父辈优良传统；四是洁身自好，严于律己，地位高了，生活条件好了，还在保持勤劳、俭朴的劳动人民本色；五是勇于自责，儿子有过错，从自

身上找原因，而不是一味抱怨儿子，这实际上是对儿子进行感化。

郑母的教子艺术是高超的，很值得今天做母亲的深思。

什么是好消息

　　崔元晖是唐朝人，起初任库部员外郎，后为中书令。其母卢氏，是博陵平安（今河北蠡县南）人。她贤慧有节操，深明世理。注意教育儿子清白处世，敦厚为人。

　　在崔元晖为官以后，其母常常教育儿子如何为官。有一次，她对崔元晖说："凡有儿子在外做官的父母，都盼望知道儿子的生活状况。我曾经听我的姨表兄辛元驭说过这样的话：如果有人说在外做官的儿子，所得俸禄微薄，生活贫困不堪，除维持常人生活水平的开销以外，俸禄所剩无几，这是好消息；假如有人说儿子在外做官，生活豪华奢侈，车马轻肥，这恰恰是坏消息。我一直认为这种说法是很有道理的。

　　"遗憾的是，当今有些人并不这样看。你看你的姨表兄弟之中那些做官的，经常给他们的父母送去金银财宝、绫罗绸缎。可那些糊涂的父母，见钱眼开，看儿子这样'孝顺'父母，只知道盲目高兴，陶醉于享乐之中。而从不问这些钱财是从哪里得来，是怎样得来的。当然，如果确实是为官所应得的俸禄，除生活开销外，所剩余的钱财，送给父母以尽孝心，这无可非议。假如不是通过正当途径和手段所得，是利用职权贪污受贿、敲诈勒索而得，这和偷窃有什么两样?！做父母的不问来路，心安理得地收下这些不义之财，还为之欣喜，这实际上是在支持儿子做坏事！我绝不会学这样的父母。

　　"元晖儿，你今天为官坐食俸禄，如果像那些为官的一样，不忠于职守，不能做到廉洁清白，即便是你每天供奉给我牛、羊、猪肉，要我享

用，我也是难以下咽的。作为一个官吏，玩忽职守，不能尽职尽责，而是贪污受贿、敲诈勒索，那能对得起谁呢？你必须懂得这个道理。"

在母亲卢氏的教育下，崔元玮处处严格要求自己，为官多年，一尘不染，以清白廉洁而著称。

在封建社会里，"高官"和"厚禄"有着必然的联系。许多人是贪图钱财、追求享乐，认为儿子做了官，做父母的就应享受荣华富贵。而崔元玮的母亲卢氏，却不敢苟同。她对那些贪图钱财、助纣为虐的父母，深恶痛绝。不仅自己决不做那样的母亲，也谆谆教诲儿子不要做贪赃枉法的官吏。这种思想境界是高尚的，对于当今做父母的都有深刻的教育意义。

虽死无怨

王义方，唐朝涟水（今江苏涟水）人。他对儒学经术很有研究，对自己的学术见解十分自信，后考中明经。做过晋王府参军，在高等学府弘文馆任过职。唐高宗显庆（公元 656 年～公元 661 年）初年，被任命为侍御史，专门负责视察工作。

有一次，王义方奉命到江苏一带视察，正遇上唐朝大臣李义府将一妇女淳于氏迫害致死一事。李义府（公元 614 年～公元 666 年）是瀛州饶阳（今河北饶阳）人，当时正任右丞相，主管兵部、刑部、工部三部之事。在任职期间，他依仗武则天的权势，卖民鬻狱，中伤良善，欺压凌辱百姓，无恶不作。此人待人表面上温柔和蔼，同别人说话时，总是面带笑容，暗地里却是进行陷害中伤，为人阴险毒辣，当时人们都称他叫"笑中刀"。又因为他诡计多端，心狠手辣，害人时却常不动声色，不容易为人觉察，人们又称他为"人猫"。李义府身居要职，一般人对他是敢怒而不敢言。

李义府要霸占良家妇女淳于氏，淳于氏不从，在李义府的逼迫下上吊自杀。虽然许多人早已知道此事，但没有人敢告发。这桩人命案被王义方发现，他想向皇帝告发。可一想到是当朝大臣李义府所为，李义府有权有势，凶狠残暴，担心会招引灾祸，他心里矛盾重重。回到京城，他问母亲："当朝大臣李义府依仗权势欺人，将一良家妇女逼死，我作为侍御史，看到奸臣迫害无辜而不告发，是不忠于职守；如果告发此事，李义府身居高位，很有权势，我很可能要遭到他的报复陷害，让母亲为

我担忧,这是对母亲的不孝,二者必居其一。我想来想去,拿不定主意。请母亲拿个主意,看如何是好?"

母亲听了儿子的话,大义凛然地说:"过去王陵的母亲,能舍身教子坚持正义的事业,你能忠于职守,同当道奸臣斗争,即便是我为之而丧生,也会虽死而无怨!"

母亲的态度,更坚定了王义方斗争的决心。他在母亲的支持下,大胆地向皇帝揭发了李义府的罪行。但是,昏庸的唐高宗过于轻信李义府,为其花言巧语所蒙骗,不相信当朝丞相能做出这样的事。不但没有惩治奸臣李义府,反而说是王义方攻击诬陷丞相,下令将王义方贬黜为莱州司户参军。

王义方的母亲得知此事,非常气愤。但她对儿子的义举,始终是坚决支持,毫不动摇、后悔,表现了崇高的道德情操和信念。

为国家杀此贼

唐朝中期，有一将领叫仆固怀恩（？～公元765年），铁勒部落中仆骨部人，是唐朝世袭的都督。他英勇善战，有高超的军事指挥才能。他治军严谨，所属部队战斗力很强。由于多年驻守北方边疆，对边境的敌情了如指掌。安禄山叛乱时，他跟随唐朝大将郭子仪讨伐叛军，一举收复被叛军占领的东京（洛阳）和西京（长安）。公元759年，唐朝另一叛将史思明率叛军占领东京洛阳，后被其子史朝义杀死。史朝义自称皇帝。唐代宗任命仆固怀恩为天下兵马副元帅，仆固怀恩又平息史朝义叛军。在平息叛乱的战争中，仆固怀恩立有卓越功勋，受唐代宗嘉奖，被封为尚书左仆射兼中书令、朔方（今宁夏灵武西南）节度使。

仆固怀恩自以为平息叛乱有大功，对朝廷给予的封赏待遇不满。唐代宗任命武将为文官，是对武将不大放心，总想从武将手中收回兵权。唐代宗任命仆固怀恩为尚书左仆射以后，令他入京城上任，他拒不执行。公元764年，唐代宗派郭子仪任朔方节度史。朔方将士一听郭子仪来了，都纷纷离开仆固怀恩，欢迎郭子仪。仆固怀恩对此极为不满，要统兵进行叛乱。

仆固怀恩的母亲跟随儿子多年驻守边境，亲眼看到叛军烧杀抢掠，分裂国家，对叛乱者深恶痛绝。她听说儿子仆固怀恩要叛乱，非常气愤。就把儿子仆固怀恩唤到自己的房间，她斥责说："我常给你说，要好好为唐帝国驻守边防，千万不要造反。可你当耳边风，还是要干这种伤天害理的事！你看，你还没有行动，就已众叛亲离，遭到将士的反对，军心民心反对叛乱，叛乱天理不容！"

　　仆固怀恩对母亲的斥责，置之不理，还是要一意孤行。他不愿听母亲的斥责，看来又没办法说服母亲，于是就离开母亲的房间。母亲看儿子对她的斥责无动于衷，气愤至极，随手抄起一把刀追出去，她边追边大喊："今天我要为国家杀了你这个叛贼，挖出你的黑心肝，让三军将士看看你是怎样的一个畜牲！"仆固怀恩看母亲持刀追了出来，慌忙逃走，

才得以幸免。

仆固怀恩不顾母亲的坚决反对，最后还是走上了反叛的道路。他率领仅有的 300 名士兵逃到灵武城，又收集一些散兵后进行叛乱。由于力量单薄，他背叛民族利益，引狼入室，招诱回纥、吐蕃 10 万兵马，绕过邠州（今陕西邠县），进逼奉天（今沈阳）。公元 765 年，仆固怀恩又招诱回纥、吐蕃、吐谷浑、党项等数 10 万大军入侵唐帝国。他带外族侵略军到达鸣沙（今宁夏青铜峡南）时，得了重病，死在路上。由于郭子仪带兵坚决抵抗，又得到朔方爱国军队和众节度使的支持，仆固怀恩的叛国行径遭到惨败。

仆固怀恩的叛乱行为，虽未能被母亲所制止，但是仆固怀恩母亲忠贞爱国、大义灭亲的崇高思想，永远闪烁着光芒。

斥子残暴

李景让，字后己，唐朝憕孙人。唐敬宗宝历（公元 825 年～公元 827 年）年间，任左拾遗，后为淮南节度使。他忠于职守，为官清廉。在他任淮南节度使期间，盐铁转运使王播，任意加重铁、盐等税收，肆无忌惮地搜刮民财。有一年，淮南地区遇上特大旱灾，人民生活十分困苦，王播仍搜刮不已，照样加重税收，致使民怨沸腾。王播全然不顾。古时候，盐铁业是国家财政的重要来源，一般都是由国家亲自经营。王播利欲熏心，野心勃勃，为独霸盐铁专营权，给当时任淮南节度使的李景让奉献金钱 10 万，以收买李景让。不料，李景让坚决反对。李景让的行为受到人民群众的热烈欢迎。从此，李景让的名声远近风闻，唐宣宗年间，他被任命为太子少保。

李景让的父亲在他小时候就去世了。他们兄弟姐妹几人由母亲抚养长大成人。其母郑氏，东都（今河南洛阳）人，她为人正直，对子女要求非常严格。

有一年夏天，阴雨连绵数日，由于房屋年久失修，李景让家房屋的后山墙倒塌。在清理残垣断壁时，发现一只瓦罐，打开一看，是满满的一罐钱币。当时，李景让一家生活很困难，房子虽倒塌，却得到这么多钱币，是因祸得福，自然都很高兴，有了这些钱，今后就不用愁吃愁穿了。可母亲郑氏却不这样想。虽然她心里也不免高兴，但她不许儿女们动那些钱。她跪在祖先牌位前，对旁边的儿女们说："这些钱是我们的祖先积攒下来的，以留给后人解决最急需的困难，我们要感谢祖先对我们

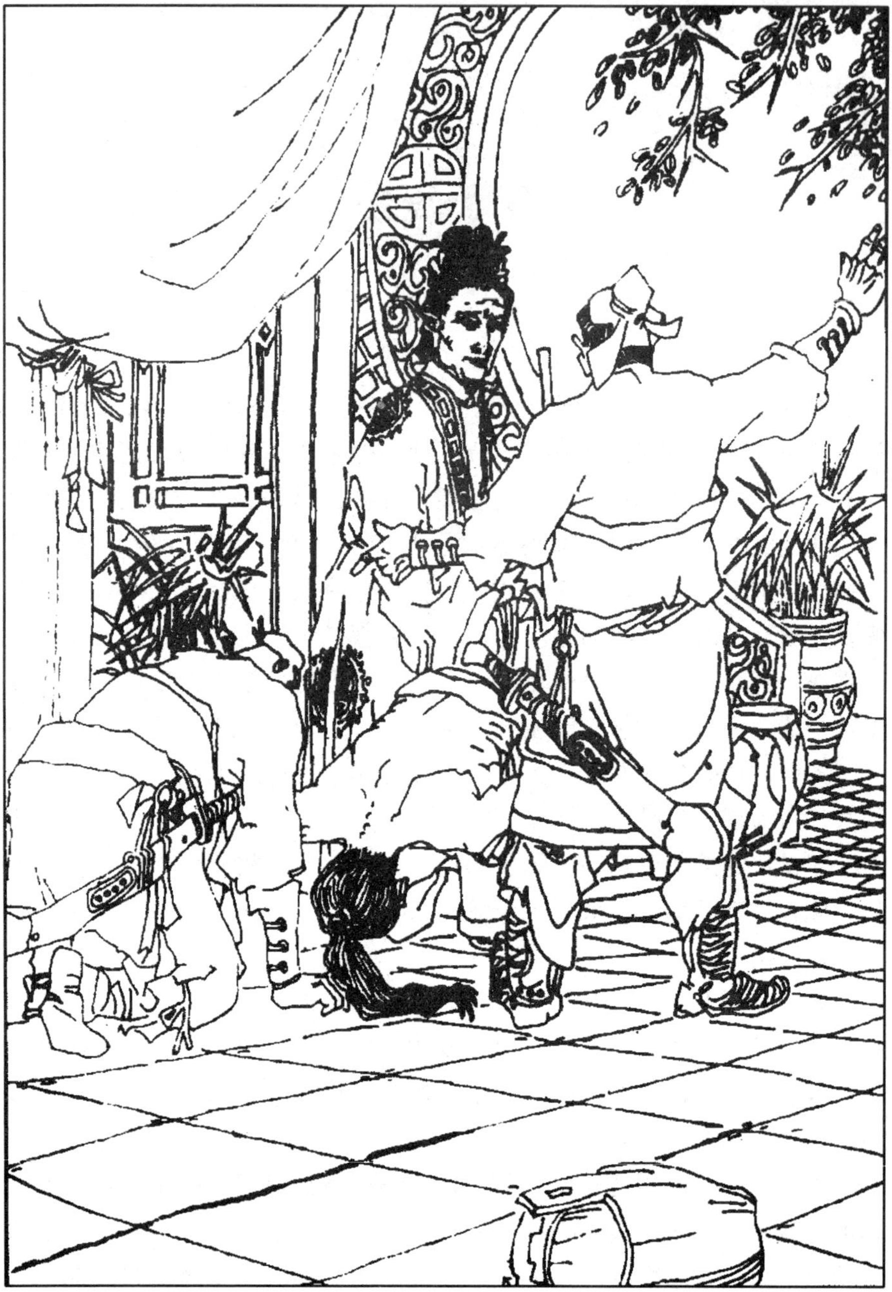

后人的恩德。但是，我觉得这些钱不能胡乱花掉，你们应该去读书学习，在学业上有所成就，将来入仕做官靠自己的本事去挣得薪俸。继承父辈留下的财产坐享其成，是没出息的，不是我所希望的。"景让兄弟姐妹听了母亲的话，觉得言之有理，于是按照母亲的意见，重新将钱罐埋在后山墙内。

郑氏一向重视对孩子进行教育，就是在李景让进入中年，头发斑白以后，还照样教育他，严格要求他，李景让稍有小的过错，还要挨母亲的打。李景让也非常尊敬母亲，虚心接受母亲的教诲。

有一次，李景让到浙江西部视察政事，在途中有一随从企图反叛，李景让当即将那随从活活打死。此事发生后，引起士兵们的极大愤怒，军心大乱。

其母郑氏得知此事，对李景让草菅人命的行为极为愤慨。等李景让视察归来，母亲郑氏把李景让召到庭堂，声色俱厉地训斥说：

"天子赋予你一定的权力，是要你为国效劳，你怎么竟敢依仗手中的权力，滥用职权，把国家刑法当儿戏，随意杀害无辜！你任意杀人，万一因此引起骚乱，出现不安定局势，对上你怎么对得起天子！你这样无法无天，恣意横行，让我怎么还有脸见人，在我死后怎样给你的父亲做交待！你这不仁不义的忤逆！"

郑氏越说越生气，她实在怒不可遏，当即命人将李景让的上衣扒下，当着众人的面用拐杖狠狠地打他的脊背。李景让的部下跪在地上替李景让求情，请求饶恕李景让这一次。母亲执意不许，还是继续打他。李景让的部下再次苦苦哀求，母亲才饶了李景让。

见郑氏如此严厉地惩戒儿子李景让，部下将士的不满情绪才有所好转。

李景让的母亲郑氏对儿子的暴行，极为愤慨，当众狠狠惩戒儿子，是怕儿子走上邪路，也是对李景让的爱护。反映了郑氏严格要求儿子的好品质。

李畬母退廪米

李畬（yú），字玉田，唐朝人。起初，他任氾（Sì）水主簿（氾水在今河南），后升任监察御史，晚年还做过国子司业。传说李畬的记忆力相当好，他在任主簿时，翻阅当地户籍簿，只看一眼，就能够将所有人的姓名、职业、出身记得清清楚楚，久久不忘。

李畬的母亲是一位知识渊博、很有道德修养的妇女。在李畬小时候，就注意对他的思想品德教育，要求孩子不要贪图便宜。就是在李畬入仕做官以后，也是很严格地要求他。

在李畬任监察御史时，有一次官府发放廪米。所谓廪米，就是俸禄，当时不是以金钱做俸禄，而是粮米代金钱。按照李畬的官位，应发给他廪米 3 石（1 石是 10 斗，60 千克）。官府派人将廪米送回家中。李畬的母亲是农家妇女，一打量送来的廪米，觉得不止 3 石。她请来人帮她用斗量一量，结果发现送来的廪米要比 3 石多得多。

其母不知道是怎么回事，于是问押车来的官吏：“为什么要多给廪米呢？”

那官吏说：“官府发给御史大人廪米的时候，一般都不用斗那样一斗一斗地量，差不多就行了。”

母亲又问：“别的官吏的廪米量不量呢？”

官吏说：“别的官吏当然要量。”

听官吏这么一说，她全都明白了。

卸完廪米，押车的官吏要回官府。母亲问官吏：“送廪米的车费多

少钱?"

押车的官吏说:"给御史家送廪米,派的是服劳役的官车,不用给车费。"

母亲说:"给御史本人送廪米,这是私事,怎么能算官车,不给车费呢?"

母亲当即将车费付给车夫。并让押车的官吏将多给的廪米带回官府。

李畲回家以后,母亲狠狠地批评他说:"你身为监察御史,你的部下多给你发放廪米,说明他们怕你。你还用官车送廪米,不付车费,这是什么道理?"

李畲听了母亲的批评,再也不干这类事了。

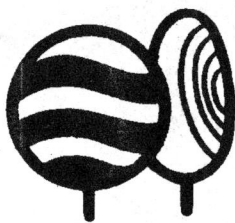

长嫂为母

唐代杰出的文学家韩愈（公元 768 年～公元 824 年），字退之，祖居河阳（今河南孟县）韩庄。韩氏的郡望是昌黎（今河北昌黎），故自称昌黎韩愈，后世称他为韩昌黎。他曾任吏部侍郎。韩愈在文学创作上有相当的成就，他散文各体兼长，气势雄放，文笔遒劲，务去陈言，逻辑严密。他是司马迁之后我国古代最优秀的散文作家，有《昌黎先生集》传世。

韩愈的父亲韩仲卿是个很有学问的人，在当时颇有些名气。不幸，在韩愈刚刚 3 岁的时候，他和妻子便先后去世了。

从此，韩愈便由大哥韩会和嫂嫂郑氏抚养。大哥大嫂对他十分慈爱，教他识字、读书，加上韩愈从小好学，7 岁时便能背诵许多诗文，并且还会写诗作文章了。

韩会本来也在朝中做官，因卷入朝中官僚集团之间的斗争而又失败，被贬斥到远离京城几千里外的韶州（今广东韶关市）。这年韩愈 10 岁，在随哥嫂从长安（今陕西西安）去韶州的路上，每到一处，哥嫂就给他讲述当地的山川形势和名人典故。出潼关过肴山时，嫂嫂给他讲，在这里，春秋时代，晋国是如何打败秦国的。过洛阳时，哥嫂领他参观龙门石窟，那些引人入胜的精湛的雕刻艺术，一个个栩栩如生的大石佛，给他留下极为深刻的印象。过南阳时，带他到朋友家，听朋友介绍南阳的名胜古迹，其中诸葛亮居住过的卧龙岗更是引起韩愈极大的兴趣。

到长江后，一家人乘船南下，在船舱里，哥嫂给他讲了一个又一个古代贤人不平凡的故事：屈原怎样受陷害被放逐，写出了不朽的名著《离骚》；孙膑怎样遭庞涓毒手被割掉膝盖骨，发愤著述《孙膑兵法》；诸葛亮如何神机妙算、运筹帷幄，使刘备转危为安，建立蜀国；周瑜如何雄姿勇武，足智多谋，战赤壁大败曹军……韩愈记忆力强，又虚心好学，从这些典故中不仅学到了许多历史知识，还懂得了不少做人的道理。

到韶州不久，哥哥不幸病故。韩愈和侄儿十二郎便由嫂嫂一个人带回老家抚养。

中国有句俗语："长嫂为母。"嫂嫂为人老实忠厚，善良贤慧，又有文化教养，她对韩愈像母亲对待亲生儿子一样关心爱护。嫂嫂经常教育韩愈和儿子要发愤学习，刻苦读书。她常说："一个人的生命是短暂的，但是，历史却是永存的。你们应该把这短暂的一生，用在做学问上。不要求得显赫一时，而要有作为。你们要勉励自己呀！"

韩愈家中藏书很多。每天早晨天一亮，嫂嫂就叫韩愈起床，做完"八段锦"后，她便亲自指教韩愈读《论语》、《孟子》。过了几年，嫂嫂看韩愈才华出众，就叫他出游，向名师求教，增长见识。她对韩愈说："只是在这小城市读书，很难见多识广。咱们这里真正有学问的人不多，你还是到洛阳去吧，那里名人学者多，在那里学习一段时间，还可以再到长安开开眼界。"

韩愈虽然也早有外出游学的打算，但真的要离开养育自己长大成人的嫂嫂，又实在是有点恋恋不舍。嫂嫂是个心细的人，她看韩愈面有难色，心里便清楚了。郑氏很婉转地劝韩愈说："好兄弟，你是个聪明人，一定会明白：大丈夫要志在四方，为国为民做出一番事业来。万不可因小失大，留恋家庭，胸无大志啊！"

不出嫂嫂所料，韩愈听了她的话，心中异常激动。他暗下决心：一定要发愤努力，不辜负嫂嫂的热切期望。他毅然决然地告别了嫂嫂，离开了家乡，踏上游学的路程。

到了洛阳，韩愈租下两间茅草房，过着十分清贫的生活。他身穿布衣，一日两餐粗茶淡饭，每天读书到深夜，有时到三更天才躺下睡觉。寒冬腊月，连炭火都舍不得生。他时刻不忘嫂嫂的话，应该把短暂的一

生，用在做学问上。他坚信：学问，只有勤奋才能得到！

功夫不负有心人，韩愈经过多年刻苦努力，终于成为杰出的文学家。

韩愈的成长和嫂嫂的关心、教育分不开，他对嫂嫂特别敬重，感情也特别深。后来，嫂嫂去世，韩愈打破一般封建礼教的惯例，为嫂嫂穿孝服丧。为了纪念嫂嫂，他特意为嫂嫂写了祭文《祭郑夫人》，祭文中说："我生不辰，3岁而孤。蒙幼无知，鞠我者见。在死而生，实维嫂恩。"他把自己的生存、成长和在学业上的成就，归功于长嫂郑夫人的养育，表现了自己无限的感念之情。

元稹母教子

唐朝大诗人元稹（公元 779 年～公元 831 年），字微之，河南（今河南洛阳）人。唐德宗贞元（公元 785 年～公元 805 年）九年（公元 793 年），元稹举明经科，当时他只有 14 岁。24 岁举拔科。曾任过监察御史。在任职期间，他遇事敢于说话，旗帜鲜明，态度明朗，从不隐瞒自己的观点。结果得罪宦官及守旧官僚，遭到贬斥，后来转而依附宦官，官位最高做过同中书门下平章事。最后，在任武昌军节度使时得暴病而死。

元稹和白居易是同代人，两位诗人关系密切，经常相互切磋诗文，早期的文学观点也相近。当时人称"元白"。他是新乐府运动的倡导者之一。著有长诗《连昌宫词》，又作有传奇《莺莺传》，为后来的《西厢记》所取材。他的全部著作尽收在《元氏长庆集》一书中。

元稹的父亲元宽曾任过比部郎，不幸早夭，到元稹少年时代，他家生活十分贫困，没有条件送他上学读书，也没有钱买书来读。可元稹小时候很喜欢读书学习，为了满足儿子的要求，其母亲郑氏就亲手抄写书本，然后亲自教他识字、读书。元稹非常聪明，母亲教一遍他就能听懂，并且记得牢牢的。在母亲的教导下，元稹学习得相当好，14 岁就考取明经科。

元稹的母亲郑氏教育子孙讲究方式方法，注意因势利导，循循善诱，有高超的教育艺术。不管孩子有什么缺点、错误和过失，她从来都是耐心说服，晓之以理。对于女儿和儿媳，她一向态度严肃，严格要求女儿和儿媳做事说话谨慎，言行举止有规矩。教育儿子和孙子，她言辞有说

服力，坚持原则，从不放任。因此，儿孙们都认真听从，谁也不敢违犯家规。她家所有儿女都很知情达理，一家老小和睦相处，生活得非常融洽。据她家的邻居说，郑氏自丧夫主持家务25年以来，从来没有听到过什么争吵声，她家的孩子从小一直长大成人都不知道什么是训诫子女的戒尺。

在元稹兄弟做官以后，他们每月都把所得俸禄送给老母掌管，然后由母亲再给他们一个月的穿衣吃饭的生活费用。其余的除了留给家中维持一般人的生活水平以外，都用来周济亲戚朋友中的孤弱者。她一家人在吃饭穿衣上，从不特殊奢侈。她家的亲戚朋友，不管是地位高低，来到家里都是一视同仁，从不疏此厚彼。郑氏如此待人处世，元稹兄弟也受到了影响。

中国古代有俗话说"不打不成才"，"棍棒底下出孝子"。尽管这些说法久为世人流传，但谬误终不能成为真理。在封建家长制盛行的封建社会，元稹母郑氏持家25年之久，从不用打骂体罚的方式对待子女，而是以身作则，循循善诱，注重以理服人，收到了良好的教育效果，可谓教子有方。

卖手镯为儿买书

王昭，字仲亮，北宋人。曾任过考功郎中。

王昭小时候，很喜欢读书学习，尤其爱读儒家经典。他又爱好练习武艺，由于他虚心好学，刻苦锻炼，练得一手好武艺。他常常为自己的高超武艺而自豪。

在王昭小时候，有一次母亲带他到集市上去，王昭对其他卖东西的都不感兴趣，就是爱到书市去读书。王昭在一个书摊前发现一部他特别喜欢的书，就请求母亲为他买下。

王昭的母亲非常重视儿子的读书学习，她看儿子如此喜欢这部书，答应给他买。她问好价钱以后，就回家去取钱。王昭家境比较困难，平时省吃俭用，可为儿子买书从不吝惜钱财。母亲把家里现有的钱都拿了出来，可还远远不够，怎么办呢？

猛的一下，母亲想到她家柜子里还存有几只手镯。将这些手镯一变卖，就足可以把书买回。这手镯是出嫁时，娘家给她的陪嫁，色泽华丽，小巧玲珑，是心爱之物。多少年来一直珍藏在柜子里，只是在出门时才戴一下。要卖掉它……母亲内心很矛盾。突然，儿子王昭如饥似渴读书的情景浮现在她的眼前，她自言自语地说："留着这些手镯，就不能给儿子买书，儿子学不到知识，将来有何用？我已经这么大年纪了，还留着手镯干什么呢！"母亲终于下了决心，将手镯卖掉。儿子拿到母亲用卖手镯的钱买回的书时，高兴得不得了。他日夜攻读，爱不释手，学问长进很快，后来，终于成为有用的人才。

　　为了满足儿子喜爱读书学习的愿望，母亲忍痛割爱，将自己珍藏多年的饰物卖掉，这是多么好的母亲呀！古代母亲为了把儿子培养成才，尚且懂得进行智力投资，今天的母亲更应舍得这样做。还是古人说得好："黄金满籯，不如教子一经。"

随子隐居

种（Chóng）放（公元 955 年～公元 1015 年），是北宋洛阳（今河南）人，字明逸（又作名逸），自号云溪醉侯。

种放小时候，沉默寡语，不贪玩耍嬉闹，但很喜欢读书学习，也很聪明。父亲每次教他读书识字，他都特别认真地听，细细地想，到 7 岁时就能撰写文章。到十几岁时，父亲看他学得不错，就动员他去参加科举考试。他推辞说："我的学问还很有限，不可轻举妄动。"后来，种放的父亲病逝，种放兄弟几个就由母亲抚养教育。

种放的母亲深明义理，有高尚的情操，生活上虽然很贫苦，但她不以苦为苦。她的几个儿子，虽都是一母所生，生活在同一个家庭环境里，但各自的追求却大不相同。其他的几个儿子都是千方百计地营谋官职爵位，对此她很不满，觉得他们没有什么出息。惟独种放一心喜欢做学问，而且长进很快，母亲非常高兴。种放的学问比其他几个兄弟都好，但却不去参加科举考试，以谋取一官半职，他决心终生进行讲学活动，传播知识。

陕西秦岭一带，山青水秀，环境幽静，是一个讲学的好地方。种放决定到秦岭主峰之一终南山下的豹谷林中去开办讲学堂。种放其他的兄弟大都做了官，享有优厚的俸禄，生活条件也都很好。种放的母亲哪一家都不去，不顾年老体弱，毅然离开洛阳城，随种放到千里之外的深山老林中去。

在豹谷林中，种放因陋就简，搭起了简易的草棚，广招各地有志于求学者，开课讲学。在那里，种放和母亲身居深山峡谷之中，住着茅草棚，冬不避寒，夏不防雨，依靠讲学收的学费过日子，生活十分清苦。然而，他母子二人却感到很安逸。就在那人烟稀少的深山老林里，他母子二人度过了 30 个春秋，培养出了大批有学问的人才。

宋太宗淳化（公元 990 年～公元 996 年）年间，种放被人推荐给皇帝，宋太宗派人召他入京城做官。种放隐居终南山讲学，远离京城，就是不愿入仕做官。可皇帝亲下诏令，又不得违抗。他把此事告诉母亲，希望母亲理解、支持。不料，母亲听了，坚决反对。她对儿子说："我随你到深山隐居，就是不愿你去做官。当初我就劝说过你，不要招收门徒讲学，免得为人所知。你既然隐居，就在这里自己做学问就是了。你看，还是让人知道了你的下落，我们以后再也不得安宁了。你愿应诏，你一个人去，我绝不去，我将单独一人搬到别处去住！"

不应皇帝的诏令吧，后果难以预料；应诏令赴京城做官吧，母亲坚决不去，把老母一个留在深山老林，种放又于心不忍。他进退维谷，左右为难，最后称病卧床不起。其母看他优柔寡断，下不了决心，一气之下将种放的笔墨纸张扔进火里烧掉，这才坚定了种放不应诏入仕的决心。为逃避皇帝再次诏种放入京做官，种放母子二人转移到更为偏僻的深山中。那里更是渺无人烟，从来没有人去过。

宋太宗得知种放母如此有节操，不但没有治罪于种放，还嘉奖其母，下令每年发给种放一千文钱，要种放好好赡养其母，并派人转告种放说："不要强迫母亲服从你的意志，让她安度晚年。"与此同时，还指派有关官员，每年要到深山慰问种放母子二人。

种放母亲死后，宋真宗又诏他入京城，任命为左司谏。在这段时间里，种放"屡隐屡仕"，有时做官，有时又隐居，最后，皇帝又任命他为工部侍郎。公元 1015 年，种放因年老请求辞退官职，又重返终南山豹谷林讲学堂讲学。有一天早晨，他身穿道服，把门生们召集到一起痛饮，席间他把一生所写的讲义、文章、诗词取出，丢到火中全部化为灰烬，以示就此了结坎坷不平的一生。然后，又继续痛饮数杯，突然发病死去。

种放到晚年，曾用所得的俸禄置买大片良田，还倚势强买，很不得

　　人心。但在前半生，他受到母亲的影响，以讲学为业，广泛传播知识学
问，不迷恋高官厚禄，拒不应试入仕，这还是很可贵的。

《泷冈阡表》记事

　　北宋文学家、史学家欧阳修的《泷冈阡表》，是为其死去的父母所立墓碑的碑文。"泷冈"是一个地名，位于江西永丰县南的凤凰山上，欧阳修的父母葬于此处。"阡表"，即是墓碑。过去人死后，墓前立一石碑，上面刻载死者生平，表扬其功德，以示纪念。古时候，把刻在阡表上的文字也列为文体之一。因此，欧阳修将其为父母刻写的碑文称为《泷冈阡表》。该阡表详细记述了欧阳修的母亲郑氏教育他的事迹。

　　欧阳修（公元1007年～公元1072年），字永叔，号醉翁，吉水（今属江西）人。晚年又号"六一居士"。所谓"六一居士"，即是说他搜集古录一千卷、书籍一万卷，有琴一张、棋一局、酒一壶、鹤一双。天圣年间他中进士，曾任枢密副使、参知政事。在政治上，要求有所改革；在文学上，主张文章应"明道"、致用，对宋初以来追求靡丽形式的文风表示不满，并积极培养后生，是北宋古文运动的领袖。曾与宋祁合修《新唐书》，独撰《新五代史》，还著有《欧阳文忠集》。其诗文语言流畅自然，说理通达，抒情委婉。他和韩愈、柳宗元、苏洵、苏轼、苏辙、王安石、曾巩等人被列为"唐宋八大家"。

　　欧阳修4岁的时候，其父欧阳观去世，遂成为孤儿。母亲郑氏决心不再嫁，要承担起全家生活和抚养教育孩子的重担。当时，他家生活非常贫困，母亲不得不带着他离开家乡，到随州（今湖北随县）去投靠在那里做官的叔父。欧阳修家里实在太穷，常常吃过上顿饭，下顿饭还没有着落。他到了入学的年龄，母亲拿不出钱供给他上学读书，甚至连买纸、笔的钱都没有。母亲暗下决心，无论如何也要把儿子教养成才。在冬天的雪夜里，母亲将炉灰洒在雪地上，用荻草秆当笔，借着微亮的月光，一笔一画地教欧阳修在雪地上写字、认字。欧阳修写得工工整整，每个字都牢牢记住。这就是广为流传的《欧母画荻》的故事。

欧阳修识字以后，很喜欢读书，见到书就像得到宝贝一样地高兴。对书中的每一个字每一句话，他都仔细咀嚼，从不马虎。他天资聪明，记忆力又强，读过的书差不多都能背下来。他长到 10 岁的时候，家里的书早已熟读多遍。为满足儿子求知的欲望，母亲常向邻居和亲友借书给他读；有些好书，母亲还督促他动手抄写。每次借来的书，他都按预定时间交还人家。正因母子俩很守信用，所以邻居和亲友都愿意把书借给他看。这样，欧阳修虽然家穷，买不起多少书，却有博览群书的机会。

欧阳修的父亲欧阳观，生前曾在道州、泰州等地做过管理一般行政事务和掌管司法一类的辅佐官，一生官位并不显要。他父亲在世时为官清廉，处世仁厚，表里如一，颇具美德。

其母经常用其父亲的为官处世之道和遗训，教育欧阳修。

她对欧阳修说："你父亲为官时，非常节俭，奉公守法，并且好以财物接济别人，喜欢结交朋友。他一生从来没有沾上什么嗜好，不计较家里人吃什么喝什么，没有置买过什么家产。所以，他去世后，'无一瓦之覆，一垅之积'，即没有留下一间房屋，没有留下一垄地。"

母亲还告诉他说："当年你父亲做司法官的时候，常常在夜里研究各种案件，曾多次放下案卷叹息不止。我不知其故，就问他为什么叹息？他说：'这又是一桩判死刑的案件。'我说能不能为他找出一条生路呢？你父亲说：'对这些下层百姓，我总是想法要使他们得到从宽发落，可有时候也很难想出办法替他们减罪。你不知道，当今世上有些掌管司法大权的人，总觉得判死刑越多越好。这是什么世道呀！'"

有时候，母亲还给欧阳修讲述他小时候的事。她说："回想你小时候，奶妈抱着你站在你父亲面前，你父亲曾对我说过这样的话：'算命的先生说，我将要在两年内死去，如果按他的说法，我是不能亲眼看到我的儿子有所成就的那一天了。我死后，你要告诉儿子，我希望他能有所成就.'你父亲生前经常讲这样的话,我记得十分清楚,所以,到今天我还能原原本本地讲给你听.你一定要遵照你父亲的遗训去做."听了这些,欧阳修很受教育.

母亲还常常用其父亲的为人处世之道教导欧阳修:"你父亲品德高尚,他的一言一行是没有一丝一毫装模作样的,心里怎么想,行动上就怎么做,全是发自内心的,言行一致,表里如一.你要记住你父亲的遗训:对父母的奉养不一定要求丰厚,重要的是在于能尽孝心;自己的财物虽然不能布施到所有众人身上,但重要的是心存仁义,为人厚道.我没有能力教导你,只能把你父亲的遗训讲给你听."

欧阳修听了母亲的这些教诲,总是流着眼泪向母亲表示:永远也不会忘记,请母亲放心.

欧阳修做官以后,母亲也没放弃做母亲的职责,还常常教育他.

宋朝初年,社会上流行一种很不好的文风,只是一味追求华丽辞藻,而文章内容相当空洞.欧阳修对此十分不满.他非常欣赏唐朝文学家韩愈的文风:文章结构严密,说理透彻,气势磅礴,有很强的感染力.他决心学习韩愈,革除追求形式的不良文风.1057年,他借翰林学士奉命主持科举考试的机会,严格规定所有应试文章,都必须采用朴实的古文体;凡是内容空洞、华而不实,或者故意卖弄词藻的,一律不取.欧阳修的这种主张,不但受到那些在朝的守旧官僚的反对,同时也引起不少读书人的反对.有一天,一群落选的考生趁欧阳修早晨上朝的时候,在街头上把他包围起来,任意辱骂,要他放弃他规定的文体限制.每当欧阳修遇到这样来自各方面的压力时,母亲总是提醒他:"吾儿不能苟合于世."鼓励儿子坚持自己的正确主张,不要屈服于外界压力.

景祐三年,欧阳修为支持范仲淹革新政治,上疏皇帝直谏,被贬黜到夷陵(今湖北宜昌市)做县令,他怕母亲伤心.母亲看出了儿子的心思,非常坦然地对他说:"我们家本来就很贫穷,我已经习惯这种生活了.只要你能过这种生活,我也没有什么可怕的."母亲毅然随欧阳修赴任夷陵.

欧阳修之所以在文学创作上有所成就,同他母亲郑氏的精心培养、

教育是分不开的。母亲既是他的启蒙老师，又是他终身的导师。母亲不仅关心他的学业，教给他知识，还教他如何做一个正直的人。欧阳修的每一步成长都渗透着母亲的心血。因此，为了永记母亲的谆谆教诲，也是为了纪念母亲，他撰写了《泷冈阡表》。

"二程"先生母治家教子

北宋时期,有两位著名的哲学家、教育家是同胞兄弟。兄弟二人早年一起从师于哲学家周敦颐,其哲学观点颇相近,同是理学奠基人,被人们称为"二程"。这就是程颢和程颐兄弟二人。

兄程颢(公元1032年～公元1085年),字伯淳。弟程颐(公元1033年～公元1107年),字正叔。兄弟二人虽是一母所生,哲学观点又相近,但却有着不同的经历。兄程颢,在宋仁宗嘉祐(公元1056年～公元1060年)年间,考中进士。曾经先后做过鄠(今陕西户县)、上元(今江苏南京)主簿,晋城(今山西晋城)令等地方官。宋神宗熙宁(公元1066年～公元1070年)初年,由吕公著荐举为太子中允、监察御史里行。王安石变法时,他退居洛阳10年,参与司马光、文彦博、吕公著等的反新法活动。宋哲宗元祐与司马光、文彦博、吕公著等的反新法活动。宋哲宗元祐(公元1085年～公元1096年)初年,被诏为宗正丞,还未赴任就死去了。弟程颐,早年不入仕做官,直到宋哲宗元祐初年50多岁时,才被司马光、吕公著推荐为崇政殿说书。因为与苏轼不合,几次被削职放逐。后来,还被流放到边远地区。宋徽宗即位后,被赦还老家洛阳。

程颢、程颐兄弟二人受其母亲的影响很大。"二程"兄弟的母亲侯氏,是太原盂(今山西盂县)人。她在小时候,就很聪明伶俐,妇女做的家务事"不学而能"。7岁时,塾师教她读古诗,诗中说:"女子不夜出,夜出秉明烛。"她学了之后,晚上从不出家门。其母不幸得了重病,常常昏迷不醒,她日夜陪伴在床头,一连几夜都不睡觉,十分孝敬。

侯氏嫁到程家以后，对公婆孝敬，性情温存，家里人敬佩她，亲戚朋友也称赞她。其夫程珦的弟弟死后，留下几个孤儿，她全都收养过来，关心爱护，抚养教育，像对待自己的亲儿女一样。她的善良品格，影响了程颢、程颐

侯氏主持家务，治家有方，对家庭所有成员都一视同仁，谁都不许特殊。就是对待仆人也是尊重他们的人格。她从不因为一些过错而鞭打虐待仆人，甚至把仆人和儿女一样看待。假如发现儿女责骂仆人，她必定要严厉地批评孩子说："人虽然有贵贱高下之分，但却是人。你们这样对待仆人，将来长大如何做人！"

侯氏一共生过六个男孩子，只剩下程颢、程颐兄弟二人，其他的全都死了。侯氏自然非常疼爱程颢、程颐，把一切希望都寄托在他哥俩身上。但是，她深深懂得"慈母败子"的道理，从不娇惯溺爱。

程颢、程颐兄弟二人只相差 1 岁，在他们蹒跚学步的时候，常常摔倒在地，保姆要上前扶抱，侯氏劝阻说："不要管他们，让他们自己站起来。"然后，又对孩子说："你们走路时，慢一点就不会摔跟头了。你们试试看。"在侯氏的严格要求、严格训练下，程颢、程颐小哥俩一点也不娇气。

吃饭的时候，程颢、程颐爱挑吃挑喝，保姆就想由着他们的性子来，专门给他们做爱吃的饭菜，侯氏制止道："对小孩子不能惯，你惯什么毛病就会有什么毛病。小时候养成挑吃挑喝的毛病，长大以后怎么办？"

在侯氏的精心培养教育下，程颢、程颐兄弟二人从小就养成了很好的习惯，吃饭穿衣从不挑这拣那，让吃什么就吃什么，让穿什么就穿什么。他们对人有礼貌，尊重别人，和小朋友友好相处，从不打架骂人。和小朋友发生矛盾，总是礼让三分。侯氏经常这样教导孩子为人处世："一个人怕的是不能受委屈，不能宽容人。遇事不能太锋芒，对人不能太苛刻。"

程颢、程颐稍稍长大时，侯氏就设法送他们跟随有学问的老师读书学习，教他们和才学兼优的朋友来往。当时，她家的生活虽然不太富裕，但当有学问的朋友来家里玩时，侯氏总是好吃好喝热情款待，以便使程

颢、程颐多和这些人接触，从中得到教益。

侯氏教育子女，不仅重视他们的读书学习，还注意进行品德教育。常常用古人的传统美德教诲程颢、程颐，她行品德教育。常常用古人的传统美德教诲程颢、程颐，她说："见到他人身上的长处，要想方设法学到手。这样长大以后，就可以成为有作为的人。对待别人的东西，要像对待自己的东西那样去爱护，不能任意损坏。对待左邻右舍的老年人，要怀着深厚的感情去关心、帮助，尽力替他们做事，不能怕麻烦。"

侯氏是一个典型的古代妇女，在家孝敬父母，出嫁后孝敬公婆，生子以后注意教育，在古人提倡的"女德"、"妇德"、"母德"诸方面都有很高的修养。在治理家务当中，上下左右的关系都处理得很好，也是一个很典型的家庭主妇。特别在教育子女过程中，她对子女爱而不娇，注重品德教育，处处严格要求，这些都是值得借鉴的。

教子捐身报国

刘安世（公元 1048 年～公元 1125 年），字器之，北宋魏（今河北大名东）人。他曾考中进士，但没有去做官，而是跟随当时著名史学家司马光研究中国历史。据记载，刘安世体魄魁梧，仪表堂堂，文质彬彬，谈吐不凡。他精神抖擞，从不知疲倦。他为人处世清白正直，作风正派，不好女色，不贪利禄。当时人们都说，刘安世从外表到品格都酷似他的老师司马光。

当初，刘安世参加科举考试中了进士以后，皇帝要授予他官位，他不愿进入官场，一心只想做学问。后来，司马光做宰相以后，司马光和吕公著（与司马光并为宰相）共同推荐刘安世到秘书省任职。刘安世本不想做官，可推荐他的是当朝宰相，又是他的老师，他觉得不好拒绝。于是，他同母亲商量，看看母亲的态度再做决定。他对母亲说："朝廷不认为我是无能之辈，要诏我做官。倘若我接受任命，身在其位，就要尽其责，遇事必定得直言进谏，敢说敢做敢为。绝不能为保住自己的官位而说违心的话，做违心的事。这样，在当今的世道，就很有可能要伤害一些有权有势的人，遭到陷害报复。假如果真为此而招来大祸，对此，我是无所畏惧。最使我担心的是母亲，怕你为我受株连，遭磨难。当今的天子，都是以孝治天下，是不是以你老人家年迈体衰，需要儿在家奉养为由，敬请朝廷收回我的诏令？"

母亲深深理解儿子的孝敬之心。但是，她却不同意儿子因此而不应诏就职。她对儿子刘安世说："我不同意这样做。我认为，作为辅佐朝廷的大臣，是天子的耳目，关系到国家的大事，都需要各位大臣出谋划策。你父亲（刘航）一生都愿为国家大业尽力，但是，到死都没有实现他的愿望，他饮憾而死。今天，朝廷诏你为官，你有这样一个为国效力的机会，理应将自己的毕生献给国家，去承担这个重任。将来，只要你忠于职守，站得直，行得正，即或是真的被贬黜、流放，你也要坚持自己的正确意见。不管你被流放到多么远的地方，我决心随你一同前往。你什么也不要担心！"

在母亲的鼓舞下，刘安世应诏赴任，不久，晋升为谏议大夫。在任职期间，他论事刚直，不畏强权，不避艰险，有胆有识，为官吏们所称

道，人们送他一个雅号叫"殿上虎"。

宋哲宗绍圣（公元 1094 年～公元 1098 年）年间，因得罪当朝的知枢密院事章惇，刘安世被贬黜，先是流放到南安军（今江西大余），又转移到英州（今广东英德），最后又迁徙到梅州（今广东梅州市）一带。在那荒凉的边远地区，他母子二人流落达 7 年之久，经历了各种艰难困苦。在此期间，章惇、蔡卞（尚书左丞）曾派人谋害他，由于刘安世高度警惕，才未得逞。

公元 1100 年，宋徽宗（哲宗之弟赵佶）即位，重新起用刘安世，任命他为知真定府。他因得罪当时的右仆射兼中书侍郎蔡京，又被贬黜，流放到峡州（今湖北宜昌）一带软禁。不久，又被诏回京城，任承议郎。

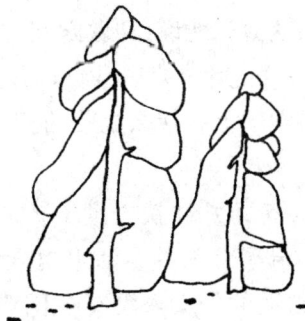

教子不就举

尹敦（公元 1061 年～公元 1132 年或公元 1071 年～公元 1142 年），北宋哲学家，字彦明，一字德充。洛阳（今河南洛阳）人。20 岁时，拜当时著名哲学家程颐为师求学，受老师影响，他终身不就举。宋钦宗靖康初年（公元 1125 年），被皇帝招至京城，赐号为和靖处士。靖康二年（公元 1126 年），金兵攻陷洛阳，他死里逃生，到四川躲避。南宋高宗在位时，被诏为秘书郎兼说书，后又代理礼部侍郎兼侍讲。当时投降派代表秦桧，主张同金兵议和，他致书秦桧，坚决反对议和，主张抗金。其中有人作梗，根本不予上报书信，他气愤已极，坚决要辞去官职。他热衷于做学问，对名利甚为淡薄。他说："做学问的人要有高尚的情操，切不可贪图追求荣华富贵。一心追求荣华富贵，并把做学问作为得到荣华富贵的途径，是不可能在学问上有什么成就的。"他的著作有《论语孟子解》。

在尹敦很小的时候，其父尹林就去世了，他由母亲陈氏抚养教育。当时，尹敦家生活贫困，母子二人的生活重担全都压在母亲陈氏一人身上。但是，陈氏是一个刚强的妇女，没有被困难所压倒，她昼夜辛劳，省吃俭用，难苦度日，把家庭生活安排得井井有条。陈氏十分重视对尹敦进行早期教育，在他刚刚懂事的时候，就注意指点他的言行举止，使之说话做事都符合一定的规矩，从不让其放任自流。所以尹敦从小就很懂事，时常受到邻居的夸奖。

尹敦少年时期，陈氏就教他读书识字，学习经义典籍。尹敦非常聪明，学问上进步很快，母亲看在眼里，喜在心里，暗下决心有机会一定送他拜名师求学。

有一天，她听说洛阳城内有一个大学问家叫程颐，人们都称他为伊川先生。此人学识渊博，书教得又好，很受人们欢迎，许多年轻人都纷纷拜他为师。陈氏就打算也送尹敦去从师于伊川先生。临行前，陈氏对儿子说："任何知识学问都有来龙去脉，要好好钻研，不仅要知其然，也要知其所以然，不可满足于一知半解，不能囫囵吞枣，要努力弄懂弄通。做学问就像种庄稼一样，只耕耘不收获，只开垦不种庄稼，就得不到粮食。你要真正把学问学到手。"尹敦没有辜负母亲的期望，努力学习，刻苦读书，学得非常好，受到伊川先生的赞许。

宋哲宗绍圣（公元1094年～公元1098年）初年，举行科举考试，在老师伊川先生的鼓励支持下，尹敦前去应试。当他进入考场打开考卷，一看"策问"题目，其中有一题目是《诛元祐诸臣议》。"元祐"是当朝皇帝宋哲宗的年号。考题要考生责备、评论宋哲宗的诸位大臣。尹敦感到出这样的"策问"题目，是用心不良，没答试卷就愤愤地离开了考场，从考场出来，他找到老师伊川先生，说："先生，从今以后我再也不参加科举考试了！"

伊川先生觉得读书人不参加科举考试，这可是一件非同小可的事。于是对尹敦说："你家不是有老母吗？这样大的事情，你应当和你的母亲商量一下，听听她老人家的意见再做决定。"遵照老师的旨意，尹敦回到家向母亲谈了打算再也不参加科举考试的想法。母亲非常理解儿子，说："我早就知道你不打算入仕做官，谁知你还是去参加科举考试了。读书人做学问，不能贪图高官厚禄。你再也不参加任何科举考试，一心做学问，这很好，我早就是这个打算。"伊川先生听说陈氏支持儿子不再入仕做官，称赞说："好哇，这真是一个了不起的母亲！"

从那以后，尹敦广收门徒，专门从事讲学活动，受到当时读书人的爱戴。公元1125年，经人推荐，宋哲宗想委任他做官，他婉言谢绝。后来，南宋高宗诏他为秘书郎兼说书，并代理礼部侍郎兼侍讲的职务。这些职务是专门研究文史，作为皇帝的顾问，还要继续做学问的，尹敦欣然应诏赴任。但是，当他看到秦桧一伙把持朝政，卖国投降，还是愤然辞去官职。

在封建社会，参加科举考试是封建文人进入官场，得到高官厚禄的必由之路，不少知识分子为之奋斗终生。但是，入仕做官的毕竟是少数人，而多数知识分子是为进入仕途耗费终生，一无所成。尹敦在母亲的支持下，决心终身不就举，视官爵利禄为粪土，拒绝应诏入仕做官，特别是坚决不与投降派为伍，以潜心研究、传播学问为业，这不能不说是一种进步的思想。

勉子抗金

南宋时期，有一位力主抗金的著名大臣、大将，叫张浚（公元1097年～公元1164年），字德远，进士出身。他是汉州绵竹（今四川绵竹）人，岭南节度使张九皋的后代。他一生的经历坎坷不平。由于他一贯主张抗金，反对投降卖国，三番五次被贬黜、流放，但始终未动摇他抗金爱国的意志。

张浚在生下来不久，父亲不幸去世，由其母亲一手抚养长大。母亲计氏，是一位正直、刚强、有教养的妇女。丈夫去世时，她刚刚25岁，正是风华正茂的时候。计氏的父母，看她尚且年轻，怕她一个人独自带一个很小的孩子难以度日，就动员她带孩子改嫁。当时社会上反对寡妇改嫁的议论相当强烈，鼓吹什么"饿死事极小，失节事极大"，极力宣扬"夫死从子"、"好女不嫁二夫男"的所谓"贞操"观念。在那种情况下，计氏的父母提出要女儿改嫁，不顾忌社会舆论的压力，确实是了不起的，反映其父母很开明。然而，计氏并没有接受父母的好心劝说，决心不再改嫁，立志要独自一人将张浚抚养长大成人。计氏不再改嫁的决心，倒不是出自屈服于社会舆论的压力，而是怕再嫁以后儿子受委屈。

张浚的母亲计氏，不仅担负起了母子二人的生活重任，还亲自承担教育儿子的责任。她很重视孩子的早期教育，当张浚刚刚学会说话的时候，她就用丈夫生前所写的诗文做"教材"，教儿子识字读书。在张浚能够明白道理的时候，就常常给他讲述他父亲生前是怎样为人处世的，是怎样在驻守边防时为国家建立功勋的，教给他做人为官的道理。张浚小时候很懂事，非常理解母亲的良苦用心。他敬重母亲，听从母亲的谆谆教诲。在母亲的耐心教导下，张浚要求自己十分严格，努力做到"视必端，行必直，坐不倚，言不诳"，言行举止彬彬有礼，很有规矩，对人诚实，从不说谎。人们都交口称赞说：计氏教子有方。

张浚20岁的时候，母亲送他到京城入京师官学读书。临行前，母亲拍着儿子的肩膀，含着惜别的眼泪嘱咐道："我们家庭生活如此贫困，能送你进京入官学读书可是一件不容易的事，你要十分珍惜这个机会，好好读书。将来学成之后，你要像你父亲那样，为保卫国家的疆土出力，继承你父亲为之奋斗一生的事业！"并把她为勉励儿子而亲笔书写的数十条佳句格言，交给张浚随身带去京城，要他经常看一看，就像母亲时刻在他身边。母亲的嘱咐，他一一记下。张浚到京师官学以后，没有忘记母亲的殷切期望，下苦功读书。一旦觉察自己有所懈怠，便认真阅读母亲写下的佳句格言，心中暗暗责备自己。

宋徽宗末年，张浚中进士。宋高宗建炎三年（公元1129年），他被任命为枢密院事，负责掌管军事机密、边防等事务。在他任职期间，正值金兵大举侵略南宋。他主张抗金，反对投降。根据当时的形势，他建议派人经管四川、陕西两地。宋高宗任命他为川陕宣抚处置使，全权都督四川、陕西边防军务。1130年，因南宋东南形势紧张，为牵制南侵金军，张浚召集刘锡、吴玠、刘锜、孙渥、赵哲等秦川五路人马，共约30万，以刘锡为都统制，发檄文向金兵问罪，展开大规模的反攻，击溃金兵。后来，他又派吴玠、吴璘兄弟二人带兵驻守秦岭北麓，使整个四川安定下来，受到高宗称赞。1134年，张浚再次被任命为枢密院事，第二年又被任命为宰相。他同其他将领重用岳飞、韩世忠，废黜昏庸怯懦的江淮制置使刘光世。刘光世不服，惊动朝廷，张浚被免去宰相职务。

秦桧执政时，主张同金朝"和议"，卖国投降，引起朝野抗战派的坚决反对。张浚看到投降派秦桧一伙出卖民族、国家利益，祸国殃民，十分痛恨，想上疏高宗主张抗战，反对卖国投降政策。可转念一想：母亲年事已高，如直言上疏，恐怕会触怒当朝奸臣秦桧，那势必会招致更大的祸殃，连及母亲，他担心母亲再也经受不住精神上的沉重打击。张浚

思想上矛盾重重，多少天来，吃不下饭，睡不好觉，身体日渐消瘦。其母发现后，感到很奇怪，问张浚有什么心事？张浚如实禀告母亲。母亲理解儿子的心思，没有简单批评张浚优柔寡断，而是给他讲述他父亲生前的为官之道。她说："绍圣（公元1091年～公元1095年）初年，你父亲考试科举回答'策问'时，曾经说过：'我若为官，宁可直言进谏，死于刀斧刑戮之下，也绝不会有谏言而不进有负于陛下。'"

张浚听了母亲的述说，深刻领悟了母亲的用意是要他像父亲那样，勇敢地向皇帝陈述自己的抗金主张。就在1138年这一年里，他连续上疏皇帝达5次之多，激切反对"和议"的投降主张。张浚的主张不但未被采纳，反而被贬黜到永州（今湖南零陵）。临行前，母亲对张浚说："你走吧。你是以对朝廷对国家的忠心而遭贬黜、流放的，你没有错，这没有什么可惭愧的。我只希望你到永州以后，继续攻读圣人君子之书，不要惦念家里。"母亲的勉励，张浚牢记心中。

绍兴九年（1139年）正月，秦桧不顾抗战派的极力反对，竟然代表高宗拜受金朝诏书，接受"和议"。金朝把陕西、河南等地"赐"给宋朝，宋朝向金朝称臣，每年贡银25万两，绢25万匹。

但是，"和议"并没有阻止金兵的大举南侵。就在"和议"后的第二年（1140年），金又发兵南侵，根据"和议"金朝"赐"给宋朝的陕西、河南等地，又全被金兵占领。张浚虽被排斥在朝外，仍以天下兴亡而忧。他看高宗、秦桧卖国投降，还故意粉饰太平，又直言上疏说："当今宋国朝廷，像是自养痛疽，不挤出脓血，日后将要病入膏肓，不可收拾。看到有人卖国投降，我'食不下咽，一夕不能安'，建议备战！"秦桧见奏章大怒，指使御史弹劾张浚是为发泄私愤，要挑起事端，用心不良。于是，张浚又被免去永州节度使之名，强令迁往连州（今四川筠连）居住。后来，高宗又想起用张浚为洪州（今江西南昌市）节度使，张浚又上疏揭露秦桧的卖国行径，指控秦桧"肆意利欲，乃欲剪除忠良，以听命于敌，而阴蓄其邪心"。被秦桧的党羽万俟卨、汤思退陷害，高宗收回张浚兼任洪州节度使的任命，他被重新流放永州。

张浚忠贞爱国，不畏强暴，始终力主抗战，屡遭陷害，但丝毫未动

摇他的爱国之心。他一生中在被贬黜、流放的 20 年当中，曾先后上疏达
50 次之多，足见他对国家的一片赤诚之心。在这过程中，母亲计氏对他
的谆谆教诲，起了相当重要的作用，计氏用爱国主义的思想教育自己的
儿子，这种家庭教育的优良传统，我们应当继承发扬。

岳母刺字

岳飞（公元 1103 年～公元 1142 年），南宋抗金名将，字鹏举，相州汤阴（今河南汤阴县）人。他多次率军抗击金兵入侵，先后收复襄阳、信阳、郑州、洛阳等地。后被投降派秦桧诬陷谋反入狱，公元 1142 年 1 月 27 日，以"莫须有"的罪名被杀害，年仅 39 岁。

提起岳飞这位南宋民族英雄，很少有人不知道的。提到岳飞抗金保国的历史功绩，人们自然会想到"岳母刺字"的故事。的确，岳飞的成长，得益于母亲的教诲，为后世称颂。

岳飞的名和字，还有一段来历，寄托着他父母的希望。据说，岳飞刚刚生下来的时候，恰巧有一只大鹏鸟从岳家屋上飞过。父亲岳和、母亲姚氏，就给他起了一个单名叫飞，字鹏举。"鹏举"就是大鹏举翅高飞。取这样的名和字，表示父母希望儿子将来能"鹏程万里，远举高飞"的意思。

岳飞的祖上，本是世代靠种地为生，由于勤劳节俭，后来积蓄了一些钱财。那时候，朝廷腐败无能，苟且偷安，从不过问国家兴衰、人民死活。黄河几乎年年泛滥成灾。岳飞生下来不到 1 个月，黄河在内黄（今河南黄县）决口。内黄与汤阴相邻，而且汤阴地势平坦低洼，滔滔的洪水顷刻间把汤阴淹成茫茫一片。人们各自逃命，岳和家里的人也被洪水冲散了。母亲姚氏急中生智，抱着刚生下来的婴儿，坐进一个大缸里，随波逐流，母子才得以逃脱危险，幸存下来。

经过这次洪水灾难以后，岳家母子虽然保住了性命，但财产被冲刷得一干二净。从此以后，家中主要依赖姚氏辛勤劳作，帮人做零活，纺纱织布，挣点钱过日子。这样煎熬了好几年，岳飞已长成一个天真活泼的孩童了。

小小年纪的岳飞爱听故事，岳母不顾一天的劳累，常常在夜里抽空给他讲古人刻苦学习、练武习文、仗义勇为的故事。为了让儿子从小得到锻炼，母亲早早地为他准备好箩筐和柴耙，让他每天到山上去拾柴草。劳动之余，岳母教孩子读书、写字。晚上没有油灯，就点燃枯柴杂草。岳飞很聪明，又肯用功，没多久他就认了许多字，并能一一地写出来，常年的劳动锻炼，更使得岳飞养成了一种克勤克俭、刚强正直的作风。

岳母看见儿子有出息，自然很高兴，就到附近的私塾里找老师，拿出自己历年辛勤劳动积蓄的那点血汗钱，给岳飞做学费。岳飞得到读书的机会，学习更加努力，不少古代经典著作，很快地读完了。后来，他是无书不读，尤其喜欢《春秋左氏传》和《孙子兵法》。在老师和母亲的开导下，岳飞的学习方法也不同于别的孩子。他从不拘泥于个别文字、章句，而是着重领会通篇要旨和突出重点。有时为了背书或思考问题，他通宵不眠。

岳飞生活的北宋年间，可称得上是一个兵荒马乱的时代。当时在位的宋徽宗，是一个腐败透顶的皇帝。他残酷地剥削人民，奴役人民，人民纷纷起来反抗。那时候，不单是阶级矛盾很尖锐，民族矛盾也尖锐到空前严重的地步。在我国东北松花江流域和黑龙江下游一带的女真族，已经由分散走向统一，建立了金朝。金朝的统治者正剑拔弩张，虎视眈眈地盯着宋家王朝。民族的危亡，国家的前途，使每一个正直的人都忧心忡忡。岳母深深地感到，在这样的年月里，年轻人要不练些武艺，是难以保家卫国的。乡里有一位深孚众望的人叫周同，他武艺高强，正招收一批年轻人练习武艺。母亲便领着岳飞拜周同为师父。

有一次，周同带着徒弟们演练射箭。他首先做示范射击，一连三箭命中目标。他对徒弟们说："要能做到这样的地步，才能说得上有射箭的功夫。"接着，他让岳飞试射。岳飞张弓搭箭，一射中的，再射又中。周同见岳飞小小年纪，功底好，力量过人，能拉得开 150 千克的硬弓，大为赞赏，就把自己心爱的那张弓送给了岳飞。岳飞如获至宝，更加刻苦训练。

岳飞在名师的指点下，武术、箭法一天比一天进步，能左右开弓，百发百中，各种兵器都能运用自如。这时候，不幸的是这位周同老师病故了。岳飞非常悲痛。为了纪念这位老师，每月初一、十五，岳飞都要祭奠恩师。有时没钱，他甚至把自己的衣服卖掉，换点钱，买上酒肉和香纸，拿到周同的坟墓前上供。岳母见儿子这样知情达理有义气，心中非常高兴，就鼓励儿子把这种义气变为"以身许国，报效国家"的行动。在岳母的教育下，青年时的岳飞立下誓言："以身许国，何事不可为。"是啊，一个人只要决心把自己的一切贡献给祖国，那就什么事情都能做得到。

公元1122年，就在岳飞20岁的这年，为了保卫家园，抵抗外族统治集团的侵略，岳飞毅然投军了。岳母非常支持儿子的行动，在岳飞离家的那一天，为了坚定儿子的抗敌意志，她让岳飞的妻子李夫人磨好浓墨，要岳飞跪在神祖牌位前，郑重地说："做娘的看到你有报国的志气，不贪浊富，甘守清贫，非常高兴。为了坚定你尽力报国的志向，永不动摇，我要在你的背上刺下'精忠报国'几个字。"

岳飞答道："母亲的教训，孩儿早就记下了。但常理说：'身体发肤，本是父母给的，不能随便损伤。'母亲说的我一定照办就是，不必在背上刺字了吧？"

岳母不同意。于是岳飞就把衣服脱下半边。岳母取过笔，先在脊背正中写了"精忠报国"四个字，然后将绣花针顺着笔画刺点。每刺一下，岳飞的肌肉抽搐一下。

岳母低声地问道："孩子，你痛吗？"岳飞噙着眼泪回答："母亲还没有刺，我哪里会痛呢？"岳母激动地说："孩子，我知道你怕娘手软，故意说不痛。"说着，就咬紧牙关一气把字刺完，再将醋墨抹上，要儿子牢牢把它记在心头。

岳飞高高地抱紧双拳表示："我一定要实现母亲的训示！"

岳飞言行一致，说到做到。从投军的时候起，直到最后被害，他始

终牢记母亲的训示，一直站在抗金的最前列，以自己的热血和生命，保家卫国。他治军很严，与士兵同甘共苦，从不打扰民家。岳家军有"冻死不拆屋，饿死不掳掠"的口号。因此，这支军队爱国情绪高，战斗力强。

岳飞不仅武功好，指挥才能出众，文章和诗词也写得很出色。在繁忙的行军和作战空隙中，他常写诗填词以抒发自己的爱国主义思想和报效国家的豪情壮志。其中流传最广、影响最深的是《满江红》这首词：

"怒发冲冠，凭栏处、潇潇雨歇。抬望眼，仰天长啸，壮怀激烈。三十功名尘与土，八千里路云和月。莫等闲，白了少年头，空悲切。

靖康耻，犹未雪；臣子恨，何时灭？驾长车踏破，贺兰山缺。壮志饥餐胡虏肉，笑谈渴饮匈奴血。待从头，收拾旧山河，朝天阙。"

在这首词里，岳飞为了完成恢复祖国河山的伟大事业，以"莫等闲，白了少年头"来勉励自己，以"壮怀激烈"、"待从头，收拾旧山河"来抒发自己的伟大抱负。

遗憾的是，岳飞的大志并没有得以实现。正在他率军乘胜前进光复失地的时候，以秦桧为首的卖国投降派，假借高宗的命令，接连下了12道紧急"金牌"，勒令岳飞立即撤兵，并解除他的兵权，将他押回杭州。岳飞悲愤交集，临行前慨叹道："10年之功，废于一旦！"就在1142年，秦桧以"莫须有"的罪名，把这位年仅39岁的英雄杀害了。

高夫人教子

　　南宋高宗年间，有一位抗金名将叫高宠。他从小就跟随父亲练习武艺，体魄魁梧，体质健壮，力量过人。

　　他十一二岁的时候，常常和村上的小朋友们嬉戏玩耍。有一天中午，他和几个小朋友一起在打谷场上做拔河游戏。小高宠凭着自己的一身力气，向小朋友们挑战说："我一个人和你们5个人拔河，你们敢不敢？"几个小朋友知道高宠臂力过人，可5个人对他一个人还是可以拔赢的吧。"好！"5个小朋友一齐上。

　　小高宠一个人和5个小朋友正好势均力敌，不相上下。几个小朋友齐心协力一起用力拼命拔，小高宠纹丝不动。相持的时间一长，小高宠厌战了，觉得他们不是对手，轻蔑地把绳子一摔，独自走了。对方的小朋友没有提防，一个个都猛地摔了个仰面朝天，有的摔得鼻青脸肿。

　　于是，几个孩子哭哭啼啼地到高宠家里，找他的母亲高夫人告状。高夫人听了孩子们的诉说，连忙给孩子们掸掉身上的泥土，替他们擦干净手和脸，连连说"对不起"，表示歉意。

　　送走孩子们，她把高宠找回家，严厉地训斥道："孩子啊，习文练武，锻炼身体，志在将来保卫国家，你怎么可以捉弄人家呢！"高宠委屈地说："我不是故意的。"高夫人说："不是故意的就能容许吗？"高宠向母亲认了错，说以后再也不戏弄人了。

　　过了一会儿，高夫人带着高宠亲自到那五个小朋友家中，向他们的家长一一赔礼道歉，取得了家长们的谅解。其中有个小朋友头上淌着血，

伤势较重，高夫人又带着小高宠到邻村请来民间医生治疗，之后又领他到附近镇上买药。

这时，刚刚下过一场大雨，道路泥泞不堪，高夫人不慎摔了一跤，双膝出血，走起路来一瘸一瘸的。小高宠见母亲跌成这模样，有点心痛，忍不住大哭起来。高夫人说："你把小朋友都摔在地上，有的头都破了，你怎么不哭呢？要记住：小朋友之间应该亲如兄弟，情同手足，要互相爱护。"小高宠听了不住地点头，扶着母亲朝镇上药店走去。高夫人见儿子认了错，真的明白了道理，才微笑起来。

高夫人发现孩子的过失，不护短，不偏私，而是严厉批评，耐心教导，并以赔礼道歉、问医买药等行为影响孩子，因此，教育效果很好。

远行冠

在我国历史上，有一部被称为"奇人奇书"的游记，叫《徐霞客游记》。这部书的作者徐霞客，生于 1586 年，死于 1641 年。他名弘祖，字振之，号霞客，江苏江阴人，是明朝杰出的地理学家、旅行家。

人们把作者称为"奇人"，是因他的大半生都是在旅途中度过的，他旅行的目的不只是游山玩水，赏心悦目，而是为了研究祖国地理。人们说这部游记是"奇书"，是因为该书摹景抒情都有独到之处，不仅以优美的文字描写了祖国宏丽的山川，而且是关于地质现象研究与地貌考察的珍贵记录，既具有地理学的价值，也具有文学价值。这部游记对地理、水文、地质、植物等自然现象，都做了详细的记录，开辟了地理学史上系统观察自然、描述自然的新方向，提供了不少祖国西南边区地理的稀有资料。特别是关于石灰岩地貌考察研究的记录，比欧洲人最初所作的同一问题的考察，要早差不多两个世纪。

徐霞客之所以能在地理学研究上有如此重大的成就，除了他本人的努力以外，同他父母，尤其是他母亲的教育、鼓励和支持是分不开的。

徐霞客出生在江苏江阴县南肠岐的一个世代书香家庭里。他祖先曾有人中举做过大官。他的父亲徐有勉在世时，家道已经没落下来。有勉曾过过剥削生活，但为人正派，无意宦途，有人劝他买个官儿来做，他断然拒绝。据说有一次，有两个做官的人去拜访他，他却躲到竹林里，避而不见，随后竟乘小船游太湖去了。

徐有勉夫妇很重视对儿子的教育。霞客小时候很聪明，最喜欢阅读历史、地理和探险游记一类书籍。他家藏书丰富，在私塾念书时，为逃避塾师的干扰，他常常把这类书覆盖在令人厌烦的经书下偷偷阅读，读到入神之处不免眉飞色舞。他读着读着，渐渐发现有些地理书籍对同一事物的记载论述常常相互矛盾，甚至牵强附会，用迷信的"灾异"、"祥瑞"来解释自然现象。这样的书籍已经不能满足他的求知欲望了。就在少年时代，徐霞客立下遍游五岳的志愿，决心"穷九川内外，探奇测秘"，即探求大自然的奥秘。

徐霞客生活在明朝末年，看到从朝廷至各级官府日益腐败，政治黑暗，愤懑不已。对当时社会上盛行的八股文科举应试的事，毫无兴趣。这一点也许受到父亲的影响。

19岁那年，父亲病逝。3年服丧期满，他就打算出外游历，实现自己的夙愿。但又想到"父母在，不远游，远游必有方"的古训，惦念家中老母亲无人奉养，心里犹豫不决。

徐霞客的母亲，是个性格开朗、目光远大的人。她虽然已经60多岁了，也确实需要有人照顾，但当她了解到儿子的心愿后，就勉励儿子说："游览名山大川，可以开阔心胸，增长见识。身为男子，应该志在四方。至于说'远游必有方'的古训，也不过是说要计算好路程的远近，时间的长短，能如期往返就是了，怎么能为我的缘故留在家里，好像圈在篱笆里的小鸡，套在车辕上的小马一样呢?"母亲亲手为儿子准备行装，还特意为他缝制了一顶"远行冠"。在母亲的鼓励、支持下，徐霞客登上了一生的征程。

霞客出游，主要靠自己徒步跋涉。他喜欢搜奇访胜，登悬崖，涉洪流，探洞穴，穿丛林，往往选择最艰险的道路攀登。1613年4月，霞客初游浙江雁荡山。他从志书上知道有"荡（湖）在山顶，龙湫之水，即自荡来"，于是与仆从二人攀援而上，直到山峰绝顶，也没有见到湖的踪影。他发现高峰尽处一石如劈，石壁下有一峰，就与仆从把包脚布解下来，结成一条带子，他抓住带子从悬崖垂空而下，才发现百丈深渊。当他再爬上来，离峰顶还有10米多高的地方，带子快要被岩石磨断，差一点没摔下山去。他把断处接上，才攀回悬崖上面。他和母亲一样，不信鬼神，遇到令人惊骇的事，也处之泰然。有一次他进入广西融水县真仙岩（今融水劳动洞）后的暗洞中，发现有一条大蟒横卧洞口，不见首尾，他毫无惧色，从容地从大蟒身上跨过去进入洞中。

毕竟有老母在堂，所以徐霞客早年出游都是短期的，出游的时间也都有些间隔，而且所到地方交通都比较方便，可以计程来往。他22岁出游家乡附近的太湖，24岁北游泰山和北京，28岁游览浙江的天台山、雁荡山、洛迦山，31岁南游福建武夷山，33岁出游安徽的黄山和江西的庐山，38岁西登河南的嵩山和陕西的华山。

在此期间，徐霞客每次出游归来，总要把异地的山川风光和旅途见闻，一五一十地向母亲详细叙述一番，母亲听了也引以为乐趣。

公元1624年，徐霞客从初游到这时，已经17个年头了。他虽然计划继续远游，可是想到母亲已经70多岁高龄，还是暂时不外出为好。母亲知道后很不以为然，对他说："我虽然年已老迈，但是饭量很好，身体也结实，用不着惦记我。不信，我还可以外出游览一番呢！"霞客说："不必了，我知道您身体很好。"母亲为了坚定儿子的志愿，让儿子放心，执意要儿子陪她出游一趟。她母子二人同游了附近的荆溪和勾曲，一路上他母亲都是精神抖擞地走在儿子的面前，毫不服老。老母的出游，给徐霞客以极大的鼓舞。为了表达他对母亲的感恩之情，徐霞客特意为母亲建造了一所十分漂亮的房屋，取名"晴山堂"，以祝愿母亲像苍天一样长存。

第二年，母亲与世长辞了。霞客想起母亲对他事业的支持和鼓励，心情十分悲伤。到服丧期满，临上征途时，他不禁感慨地说："当初有老母在堂，我不能不有所分心。现在是我全心全意献身于祖国大好山河的时候了。"从此，徐霞客几乎年年出游。他最后一次出游，先后经过浙江、江西、湖南、广西、贵州、云南，行程万里，历时4年。

在最后一次出游的归途中，他患病了，到家后病情日益严重。在生命的最后时刻，他还把从西南带回的岩石标本，摆在病榻旁，进行细心的研究。生前好友在为徐霞客写的墓志铭中说："既归，不能肃客，惟置怪石于榻前，摩挲相对，不问家事。"这位伟大的地理学家，就这样怀着

未竟之志，离开了人间，终年 56 岁。

启蒙老师

鲁迅原名周樟寿，后改名周树人，字豫才，笔名鲁迅。他1881年9月25日出生于浙江绍兴城内一个破落的士大夫家庭，1936年逝世。他是中国伟大的文学家、思想家和革命家，又是伟大的教育家。

鲁迅小时候，是个聪明伶俐、活泼机灵、讨人喜欢的孩子。鲁迅的父亲周伯宜，是前清的一个秀才，性格倔强、坦率正直。父亲并不怎么以科名为重，但他对儿子并不因此就撒手不管。他旧文学修养很深，有比较广泛而渊博的知识。他经常给鲁迅讲历史故事，也很注重鲁迅的读书学习。但是，教育方法比较陈旧，常常强迫鲁迅读书，使鲁迅很反感。

在《五猖会》一文中，鲁迅回忆过这样一件儿时的事：

儿时的鲁迅久已盼望的"五猖会"到了，他穿好新衣，高高兴兴地准备随大人一起去观会。忽然父亲命令他拿书来背，说"背不出，就不准去看会"。这似乎给他"从头上浇了一盆冷水"。"粤自盘古，生于太荒，首出御世，肇开混茫"，他一句一句地背着，可一个字也不懂。大家都等着鲁迅背诵，谁也无法营救他。他回忆说，当时"我似乎头里要伸出许多铁钳，将什么'生于太荒'之流夹住"，"终于梦似的背完了"。大家都祝贺他，可鲁迅"并没有他们那么高兴……水路中的风景，盒子里的点心以及到了关东的五猖会的热闹，对于我似乎都没有什么大意思"。此事过了几十年后，鲁迅"却还分明如昨日事"，他一直想不通："父亲何以要在那时候叫我来背书。"

父亲的教育对于鲁迅的读书学习、增长知识，不能说没有积极意义。

但是，童年时期给鲁迅影响最深刻的启蒙老师却是他的母亲和祖母。

鲁迅的母亲鲁瑞，生长在绍兴乡下一个叫安头桥的农村，心地善良、待人和气，是一位性格坚毅、开朗的妇女。她爱读书学习，能看书、读报。她记得农村中许许多多带有田野香气的童谣、谜语和故事，只要一有空，便绘声绘色地讲给儿子听：

> 正月灯，二月鹞，
> 三月上船看姣姣；
> 四月麦出换鸡毛，
> 五月车水戴凉帽；
> 六月种田睡午觉，
> 七月小鬼打虎跳；
> 八月钱塘看大潮，
> 九月重阳去登高；
> ……

母亲念的一个个生动、淳朴、风趣的民歌和童谣，使童年的鲁迅得到莫大的精神享受，开启了他童稚的心灵和智慧。

鲁迅的祖母也爱讲谜语．故事，她那美妙而动人的故事往往使童年的鲁迅听得入迷。

夏天的夜晚，天气闷热，树上的蝉声和水里的蛙声依然挺热闹。鲁迅静静地躺在大树底下的小桌上，祖母坐在旁边时紧时慢地摇着芭蕉扇。孙子等得不耐烦了，催促着说："婆婆，快讲，快讲！"祖母常常是先叫孙子猜谜语，然后再讲故事，她不慌不忙地说："莫急，莫急，先猜谜。""我准能猜着！"孙子一骨碌爬起来说。

听着："两扇黑大门，里头住个小白人——猜一食物。"祖母一字一句地说着。

鲁迅眨着他那双漆黑、发亮的小眼睛，想了想，便说："是刚才我吃过的西瓜子。我猜对了吧，婆婆？"

祖母喜得咧开了嘴，满意地笑了。接着，她便给孙子讲起了"水漫金山"的故事：

"……很早很早以前，有个叫许仙的人救了两条蛇，一青一白。后来，白蛇便化作美女来报恩，嫁给了许仙；青蛇化作丫环，也跟着。不想，被一个法海和尚知道了，把许仙骗到金山寺藏起来。白蛇娘娘来寻夫，法海不给，白蛇就施法术'水漫金山'……可是，白蛇娘娘后来中了法海的毒计，被装在一个小小的钵盂里，压在了雷峰塔下……"

鲁迅听到这里，心想：白蛇娘娘知恩报恩，做得对呀，这碍法海和

尚什么事，他为啥偏偏要管？鲁迅迫不及待地问祖母："婆婆，那后来怎么样了？白蛇娘娘出来了吗？法海还横行霸道吗？"

老祖母很喜欢孙子问这问那，她觉得，孩子不这样就长不了见识。她赶忙接着说："后来，玉皇大帝知道了，他也觉得法海多管闲事，要捉拿法海问罪。法海吓得东躲西藏，逃来逃去，逃到螃蟹壳里，再也不敢出来了。你明天剥个螃蟹看看，里面准有个'蟹和尚'，那就是法海。白蛇娘娘也被青蛇救走了……"

鲁迅觉得，可恶的法海终于得到惩罚，好心的白蛇娘娘也得救了，世上的事情就应该这么样才好。

鲁迅10多岁的时候，父亲不幸病故，家境更加困难了。鲁迅不能继续在家乡的"三味书屋"读书了。他跟母亲说，要离开家乡，外出求学。母亲很赞同和支持儿子的主张，她觉得，儿子是一个很有主见和有意志的孩子，离开家她是放心的，外出求学能使儿子更坚强、发愤。人生的光明就是搏斗出来的，儿子应该走这条路。

1898年5月初，鲁迅17岁，母亲从穷困中积攒了8元钱，作为川资，听凭儿子千里迢迢到南京去寻求不收学费的学堂。她疼爱儿子，却没有成为感情的俘虏。她叮嘱儿子说："你去吧，早晚是要离开我的。你应该闯出一条自己的路。你要有毅力，要有主张，百折不回！你会有出息的。"

母亲的性格、品德给鲁迅以深刻的影响，母亲的热切期望时刻在激励着他。他一生中，一直保持着对母亲的尊敬和热爱之情。

慈母兼父职

　　我国当代伟大的文学家、卓越的无产阶级文化战士茅盾，生于 1896 年，逝世于 1981 年。原名沈德鸿，字雁冰。茅盾是他 1928 年发表第一部小说《幻灭》时用的笔名。从青年时代起，他就积极参加"五四"运动和中国早期共产主义运动，是我党最早的党员之一。他从 1916 年起就开始从事文学活动，在漫长的 60 余年中，创作了大量的作品，代表作有长篇小说《子夜》。他同鲁迅、郭沫若一起，为我国革命文艺和文化运动奠定了基础。

　　1976 年 7 月 4 日，著名作家茅盾在他 80 寿辰时，写了一首《八十自述》诗，满怀深情地记述了童年时母亲对他的辛勤教育：

　　　　忽然已八十，始愿所未及。
　　　　俯仰愧平生，虚名不符实。
　　　　昔我少也孤，慈母兼父职。
　　　　管教虽从严，母心常戚戚。
　　　　儿幼偶游戏，何忍便扑责。
　　　　旁人冷言语，谓此乃姑息。
　　　　众口可铄金，母心亦稍惑。
　　　　沉思忽展颜，我自有准则。
　　　　大节贵不亏，小德许出入。
　　　　课儿攻诗史，岁终勤考绩。

茅盾到 80 岁，对于母亲在小时候教育他的情景都能记忆犹新，历历不忘，足见母亲对他的影响是多么深刻！

茅盾出生于浙江省桐乡县乌镇。父亲沈永锡，是个富有爱国心的"维新派"，具有一定的民主思想。他虽然从小学八股，中了秀才，但从心底里讨厌八股。他最喜欢的是数学，买了一套新出的谢洪赉编的数学教材自学，从代数、几何，一直到微积分。他追求实业救国的新知识，根据上海《申报》的广告，买了一些声、光、化、电方面的书，也买了一些介绍欧美各国政治、经济制度的书，还买了介绍欧洲西医西药方面的书。

茅盾的母亲陈爱珠，是清代杭嘉湖乌镇名医陈我如的女儿，出阁前就受到良好的家庭教育。通晓文史，爱读小说，性情温良而刚强，思想开明而有远见。当她嫁给父亲的学生沈永锡以后，又受到丈夫勤奋好学的影响，经常阅读新出版的书报刊物，这在当时封建气氛极浓的小镇里，是很不容易的。

茅盾是家中的长子，沈永锡与陈爱珠对他的教育是颇为用心的。茅盾年幼时，母亲常给他讲《西游记》等许多有趣的故事。茅盾 5 岁时，母亲觉得孩子该上学了，想让他进私塾。但父亲不同意，他不满意私塾里那些陈旧的教材，决定按自己确定的一套内容教孩子读书。沈永锡平时忙于研究数学，就让妻子在家里教孩子读书识字。读的书是上海澄衷学堂的《字课图识》以及《天文歌略》、《地理歌略》等自然常识读物。母亲曾问父亲："为什么不教历史？"父亲说："没有浅近文言的历史课本。"他要母亲试编一本。于是，母亲就按她过去读过的《史鉴节要》，用浅近文言，从三皇五帝开始，编一节，教一节。

父亲虽然忙于自己的事，却也常抽空教儿子学数学，读"新学"。他从《正蒙必读》的《天文歌诀》中节录出《天文歌略》，每天节录四句，要茅盾熟读。他说："可以慢慢地增加，到一天十句为止。"但儿子对这些介绍天上星座的新学并无多大兴趣；他受母亲的影响，从小喜欢读小说。父亲曾为母亲买了不少旧小说，如《西游记》、《封神榜》、《三国演义》、《东周列国志》和上海新出的用文言文翻译的西洋名著。茅盾发现家里的这些小说后，就津津有味地读了起来。父亲觉察到茅盾在偷看"闲书"，并不反对。他说："看看闲书，也可以把文理看通。"他还叫妻子把一部分石印的《后西游记》拿给茅盾看。母亲的爱好和父亲的支持，在茅盾幼小的心里播下了文学的种子。

1903年，茅盾8岁，乌镇办起了第一所新式小学。父亲对这所小学讲授"新学"颇为满意，高兴地送儿子进学校。在学校里，茅盾的国文成绩总是名列前茅，经常上榜得奖。

就在这一年，父亲得了"骨痨"，竟瘫痪卧床不起了。尽管这样，父亲还在坚持学习，可是他5个指头拿不住书，母亲经常拿着翻开的书籍，竖在父亲胸前，看完一页后，再翻一页。茅盾每天下午3时放学后，便坐在炕沿，代替母亲做这个工作。

父亲病在床上3年。1905年春天，他知道自己患的是不治之症，就抓紧安排后事。他让茅盾搬出他的书籍来整理：有十几本《新民丛报》，几套《格致汇编》，还有一本《仁学》。父亲对晚清思想界的彗星谭嗣同特别敬重，指着谭嗣同的《仁学》对茅盾说："这是一大奇书，不可不读。你现在看不懂，将来能看懂的。"

从这以后，父亲不再看书了，天天向母亲和茅盾讲述国家大事，讲日本怎样因明治维新而成强国，讲中国面临被列强瓜分的亡国之势。父亲还立下遗嘱（由父亲口述，母亲含泪笔录），要点是：中国大势，除非有第二次变法维新，否则要被列强瓜分：要救国，要振兴实业，需要理工人才，嘱咐茅盾和弟弟沈泽民长大要学理工科。父亲还抚摸着爱子茅盾，勉励他说："大丈夫要以天下为己任。"并反复说明这句话的意义。父亲这篇充满强烈爱国热情的遗嘱，对茅盾日后追求救国真理，走上革命道路，影响极大。

1905年夏末秋初，病了3年之久的沈永锡就像干了膏油的灯盏，奄奄长暝了，终年34岁。母亲忍着悲痛，用楷体写了一副挽联，寄托哀思：

幼诵孔孟之言，长学声光化电，爱国忧家，斯人斯疾，奈何长才未展，死不瞑目；

良人亦即良师，10 年互勉互励，雹碎春红，百身莫赎，从今誓守遗言，管教双雏。

父亲死时，茅盾才 10 岁，弟弟 5 岁。家里上有老，下有小，生活重担沉重地压在陈爱珠身上。陈爱珠对孩子要求严格，她不仅注意抓智育，辅导孩子读史诗，检查孩子的学业，尤其重视德育，引导孩子做个有志气的对国家有用的人。

陈爱珠教育孩子有正确的指导思想，讲究教育方法。茅盾小时候，活泼贪玩，整天跳呀嚷呀，有时还打架，不免要耽误学习。遇到这种情况，母亲虽然很生气，但也不忍心打骂孩子，而是说服教育，循循善诱。当时社会上家庭教育的方法，是"棍棒底下出孝子"，"不打不成才"。旁人见陈爱珠从不打骂孩子，便冷言冷语地责怪她对孩子太"姑息"了。"难道是我姑息了吗？"母亲一度也疑惑过。但她经过一番深思，坚定了自己的教育方法："不，我有我的教育准则，只要抓好大节教育，孩子偶尔贪玩点也没什么！"母亲语重心长地对茅盾说："你父亲死了，你一定要记住父亲的遗言，做个有志气的人。俗话说，长兄为父，弟弟将来如何，全在你做个什么榜样。"茅盾默默地记下了母亲的教诲。从此，这位10 岁的孩子比过去懂事多了，处处听母亲的话。

茅盾小学毕业以后，先后在浙江省立第三中学（湖州中学）、第二中学和杭州安定中学学习。茅盾的父亲曾留下遗言，要茅盾学工科，因为当时一般人认为学实业才能救国，学文学则属下等。而茅盾从小受母亲影响，热爱文学，对算学等"实业"并不感兴趣。具有远见卓识的母亲发现儿子的文学爱好以后，由默认转为支持，虽然遭到世俗非议，也不动摇。

当时的湖州中学，笼罩着晚清时代那种闭塞陈腐的气氛，要求学生"书不读秦汉以下，骈文是文章正宗。诗要学建安七子，写信拟六朝人的小札……"少年时代的茅盾对这种做法极为不满，他在母亲支持下，平时热衷于读小说。国文老师杨笏斋既赞赏茅盾的写作才能，又不满意他课余时间读小说。当他后来得知茅盾爱看小说，是他母亲允许的，便婉转地劝说："你母亲的这个主张，我就不以为然。看看小说，原也使得，小说中也有好文章，不过总得到你的文章立定了格局，然后再看小说，就没有流弊了。"他劝茅盾多读些庄子和韩愈的文章。茅盾很尊重杨先生的意见，在中学时代打下了深厚的古文根底。

1913 年，茅盾中学毕业以后，考入北京大学预科第一类。毕业后，由于家庭经济困难，为了让弟弟升学，他征得母亲的同意，于 1916 年进入上海商务印书馆翻译所任职，开始了早期文学活动。他辍学后工作刚一年，辛辛苦苦地积蓄了 200 多元钱，全部交给了"10 年勤劳的亲爱的妈妈"。

1917 年，茅盾的弟弟沈泽民以优异的成绩考入南京河海工程专门学校。母亲高兴地对茅盾说："你父亲的遗嘱，我尽力做到了。你们兄弟二人还算有出息，他死而有知，大概也是快活的。"弟弟学的是理工科，具有远见的母亲却专门去买了林琴南译的小说 50 种、《西洋通史》和两卷本的《西史记要》以及《清史讲义》等书给泽民，并对他说："你将来要做工程师，但不能不懂世界历史和中国历史。"母亲的心意体现了亡夫的遗嘱，即要教育孩子做一个以天下为己任的人。

父亲生前对孩子爱国思想的灌输，母亲对孩子立志的激励，为茅盾青年时期走上革命道路打下了良好的基础。在苏联十月社会主义革命影响下，茅盾积极参加了"五四"运动和早期的共产主义运动，是中国共产党最早的五十几个党员中的一员。母亲对茅盾参加无产阶级政党很支持。那时母亲同茅盾夫人孔德沚一起从故乡乌镇来到上海，住在宝山路鸿兴坊。茅盾晚上经常参加支部会议，为了不引起母亲的疑心，他对母亲说明，每周一次的支部会议是非去不可的。母亲听后说："何不到我们家来开呢？"茅盾说："如果这样，支部别的同志也要像我那样很远跑来，深夜回去，这也不好。"从此以后，茅盾参加革命活动深夜回来时，都是母亲在等门。

1921 年，沈泽民与好友张闻天决定辍学去日本学习马克思主义理论。母亲欣然同意，并对茅盾、泽民哥俩说："你们走的路是对的。如果你们父亲不死，说不定他也会走这条路的。"

1922 年，沈泽民从日本回国，由茅盾介绍加入中国共产党，是党的

早期著名活动家与领导者之一，为革命做出了重要的贡献。1933 年，沈泽民在苏区不幸因病逝世。母亲失去爱子，心情悲痛，但她老人家坚定地说："他总算做了一点对大家有好处的事情。不过死得太早了一点。他本来还可以多做一点事情的。"

　　茅盾对自己的母亲总是那样地孝敬、热爱和怀念，他曾把母亲的影响和参加革命以后受到的教育并提。1932 年，他曾深情地回忆说："在 25 年以前，我过的就是在母亲'政训'下的平稳的日子。"1980 年，84 岁高龄的茅盾还在《我走过的道路》一文中写道："幼年禀承慈训（即母教）而养成之谨言慎行，至今未敢怠忽。"母亲支持儿子的志向和从事的正义事业，儿子把母亲当做进取的力量，这就是茅盾的母子之情。

　　陈爱珠虽然早已逝世了，但她以自己高尚的情操和爱国的热情去哺育、教育儿子的业绩，却永远留芳人间。

继母的愿望

1898 年 3 月 5 日，周恩来同志诞生在水网纵横、景色秀丽的苏北江淮平原的文化古城——淮安县城。

周恩来的父亲周劭纲，长年在外省做小公务员，挣的钱很少。母亲姓万，主持家务。周恩来刚 1 岁时，便过继给婶母。婶母姓陈，读过很多书，能吟诗作画，字也写得相当好，不到 20 岁，就成了才华出众的闺秀。不幸的是，结婚不到一年，她的丈夫——周恩来的小叔父周簪臣，就生病死去了。婶母年纪轻轻就守了寡。怎么办呢？她饮怨暗誓，把自己的抱负和全部精力，都倾注在抚养、培育幼小的大鸾（周恩来的乳名）身上，一定要把他培养成才。

年轻的过继母（以下称继母）早早就开始教大鸾读书写字，像"锄禾日当午，汗滴禾下土。谁知盘中餐，粒粒皆辛苦。"大鸾很小的时候就会读会写了。

母亲经常给大鸾讲美妙动听的故事。一天晚上，皓月当空，大鸾偎依在母亲怀中，缠着要她快讲故事。母亲慈爱地抚摸着儿子的头，亲昵地问他："大鸾，今天你要听什么故事呀？"

大鸾忽闪着一双聪敏而明亮的大眼睛，出神地望着天空中的一轮明月。他想，妈妈已经给自己讲过"嫦娥奔月"的故事，该不会再有月亮的故事了吧？但是，这圆圆的大月亮，实在太吸引他了，他知道妈妈的故事很多很多，便催促着说："我还要听月亮的故事，妈妈，您快讲吧！"

母亲也被这一轮明月所感染，她稍稍思索了一下，便讲起来：

"早先，有一个孩子，他不知道的事情可多了，他甚至连月亮也不认识，他把月亮叫做白玉盘子……"

大鸾一听，憋不住格格笑了起来，他站起来奇怪地问："妈妈，他怎么那么傻呀，啥也不懂。"

"因为他不勤奋用功学习呀！"母亲叫大鸾坐在身旁，接着说，"世上从来没有不学而知的人。所以啊，他以为月亮是什么仙人使用的大镜子，飞到云彩上边去了。后来，有人告诉他，那不是盘子，也不是镜子，那叫月亮，月亮里边啊，有红砖绿瓦的宫殿，有垂着双腿的老爷爷，还有一丛丛散放着香气的桂树和会捣药的小白兔。那个不懂事的孩子又不明白了，他问，在月亮里，他们跟谁一块儿吃饭呢？"

大鸾听完，拍着一双小手笑个不停，说："真有意思！妈妈，这是谁告诉您的呀？您怎么知道得这么清楚呀？"

"告诉我的这个人姓李名白，是唐朝的大诗人。他是用诗对咱们说的啊！你听，"母亲有板有眼地朗诵起来：

> 小时不识月，呼作白玉盘。
>
> 又疑瑶台镜，飞在青山端。
>
> 仙人垂两足，桂树何团团。
>
> 白兔捣药成，问言与谁餐。

大鸾一边仔细听，一边跟着母亲一句一句地吟诵起来。

就这样，他跟着母亲学啊，学啊，四五岁的大鸾，在母亲的精心教诲下，便能背诵许多古诗和《名贤集》、《神童诗》里一些通俗易懂的警句了。如"路遥知马力，日久见人心"，"贫在闹市无人问，富在深山有远亲"等，他都能背得滚瓜烂熟。母亲还教他读了很多中国历史故事的书籍，那些抗击外族统治者入侵，保持民族气节的可歌可泣的民族英雄和领导人民反抗压迫、反抗剥削的革命领袖的英雄事迹，深深地打动了他的心，给他留下了深刻的印象。

大鸾一天天长大了。历史悠久、古迹众多的淮安县城越来越吸引着他。为了使他见多识广，开扩眼界，母亲常常带他去看那些塔顶入云、飞檐凌空的雄伟古建筑，有唐朝景龙年间修筑的"文通塔"，北宋时代建造的"镇江楼"，还有"关天培祠堂"。母亲还告诉他，当年辅助刘邦打天下的韩信，写孙悟空大闹天宫的吴承恩，宋朝的女将梁红玉，还有抗英的将军关天培都是淮安人。

一天，大鸾要母亲给他讲梁红玉和关天培的故事。母亲满怀激情，慷慨激昂，用了几天的时间，给他详详细细地讲了这两位民族英雄英勇悲壮的感人事迹。

大鸾听了这些故事，话说得少了，吃饭也不香甜了。细心的母亲发现，儿子好像有什么心事。一天上午，大鸾一个人跑去看"关天培祠堂"，去了好久才回来。原来，他抄录了一副林则徐为关天培写的挽联：

> 六载固金汤问何时忽坏长城孤注空
> 鞠躬尽瘁；
> 双忠同饮坛闻异类亦钦伟节鬼魂相
> 送面生如。

大鸾回到家里，扬起浓黑的双眉，瞪大熠熠闪光的眼睛，指着挽联对母亲说："妈妈，我长大了，就做这样的人，给他们报仇！"

母亲爱抚地理着儿子的乌发，暗自思忖：大鸾懂事了！她兴奋地拉住儿子的手，深切地告诫他说："你要记住，我们古老的国家，英雄辈出，你要学习他们，'人生自古谁无死，留取丹心照汗青'！"大鸾懂得母亲的心思，他望着母亲慈祥而激动的目光，坚定地点了点头。

周恩来10岁那年，家里生活困难，不得不靠借债过日子。生母与继母由于愁苦劳累，在一年之内相继去世，母亲过早去世，使他失去了慈母良师。他含悲忍痛，决心不忘母亲的谆谆教诲，立志报国，以偿母愿。在少年时代，他便发愤：为中华之崛起而奋斗！

1917年，19岁的周恩来在南开中学毕业以后，决心东渡日本，寻求救国真理，临行前，他写下一首气势磅礴的诗篇：

> 大江歌罢掉头东，邃密群科济世穷。
> 面壁十年图破壁，难酬蹈海亦英雄。

后来，周恩来同志在长达半个多世纪的革命实践中，作为一位伟大的无产阶级革命家，为党为国家为人民鞠躬尽瘁，实践了他的誓言，也实现了母亲的愿望。

真正的教师

我国现代著名作家、杰出的语言大师老舍，生于 1899 年，1966 年逝世。原名舒庆春，字舍予，满族人。他从 20 年代起从事文学活动，先后创作了著名长篇小说《骆驼祥子》、《四世同堂》等。解放后，担任中国文联副主席、中国作家协会副主席等职，写了《龙须沟》、《茶馆》等 20 多个剧本，被誉为作家劳动模范，北京市人民政府曾授予老舍"人民艺术家"的光荣称号。1966 年被林彪、"四人帮"迫害致死。

在"五四"运动以来的进步作家中，老舍是以擅长表现城市下层人民的生活与愿望，特别是擅长表现北京的城市贫民而著称的。他在那一幅幅反映旧社会北京贫民悲惨生活的画卷中，包含着自己苦难童年的经历，也包含着他的"真正的教师"——孤苦伶仃的母亲的遭遇。老舍在他《昔年》的遗诗中写道："我昔生忧患，愁长记忆新；童年习冻饿，壮岁饱酸辛。"这正是他童年生活的真实写照。

老舍出生在北京一个城市贫民的家庭里。降生的时候，家中无一人帮忙，母亲劳累过度，竟昏死过去，孩子赤裸裸地躺在炕上被冻得奄奄一息。幸亏已经出嫁的大姐及时赶到，把刚出世的小弟弟揣在怀里，老舍才免于冻死。

老舍的父亲舒永寿，是个贫苦的旗兵，在八旗中属于正红旗，在皇城充当一名护兵，每月领三两银子。老舍出生的第二天就是农历"立春"，父亲给他取名舒庆春，盼望这个孩子像春天欣欣向荣，能给家里带来幸福。但是，春天没有盼来，灾难和困苦却接踵而至。

老舍1岁半的时候，八国联军攻打北京。老舍的父亲，挎着生锈的腰刀，在正阳门与伙伴们一起，同实力雄厚的八国联军展开巷战，被敌人的燃烧弹活活烧死了。

八国联军进城以后，大肆烧杀掠夺，老舍险些丧命。洋鬼子一批批闯进老舍的家里，明火抢劫。母亲带着三姐躲在墙根，把睡熟的老舍放在炕上的两只木箱旁。鬼子用刺刀把两只装破衣服的箱子翻了个底朝天。鬼子走后，母亲才发现娃娃被扣在一只大木箱底下，幸亏他睡熟了，才没被鬼子发现。

从老舍懂事时起，常听母亲讲这段往事。侵略者凶狠残暴的罪行，在他幼小的心灵里留下了不可磨灭的印象。他年轻时就收集了八国联军的侵华史料和义和团起义的史料，解放后创作了反映义和团运动的话剧《神拳》。

母亲姓马，也是旗人，幼年在农村劳动，养成勤劳的习惯，诚实厚道的性格，身体也相当结实。父亲死后，全家的重担就全落在她的身上。老舍上面有3个姐姐和1个哥哥，大姐、二姐已经出嫁，家里还有3个孩子。官家发给寡妇的钱饷，每月只有一两五钱银子，远远不够维持一家四口的生活。刚强的母亲咬紧牙关，拼命地给人家浆洗、缝补衣服，挣点钱贴补家用。

小时候的老舍，长得瘦弱，母亲又没有足够的奶水，他是靠吃米汤和面糊糊长大的。母亲和三姐成天忙着干活，顾不上逗他哄他，常让他独自玩棉花、布头什么的。清苦、孤独的童年生活，使老舍从小养成沉默寡言而富于幻想、安稳沉静而内心奔放的性格。

有年春节，还不大懂事的老舍跑来向母亲报告："妈妈，当铺的刘家宰了两头肥猪，放债的孙家请了两座供佛的蜜供，像小塔那么高。他们家过年怎么有那么多好吃的东西？"

母亲忍住悲痛，对小儿子说："咱们家吃饺子，咱们自己包的饺子最好吃。"

是啊，为了让孩子们在春节能吃上一顿带肉的饺子，母亲在年前就得加紧干活，多挣点钱，这已经很不容易了。母亲告诉孩子，自己家的饺子虽然肉少菜多，但这是靠劳动挣来的，来得硬正，吃起来也香。

老舍发现，母亲的手终年是鲜红和微肿的，白天，她要洗满满两大木盆的衣裳；晚上，她和三姐在一盏小油灯下，缝缝补补，每天操劳到半夜，而且终年不得休息。

老舍在 30 年代，曾写过一篇名叫《月牙儿》的短篇小说，其中有几段描写：

"妈妈整天的给人家洗衣裳。

"有时月牙儿已经上来，她还在哼哧哼哧地洗。那些臭袜子，硬牛皮似的，都是买卖地的伙计们送来的。妈妈洗完这些牛皮就吃不下饭去。

"妈妈的手起了层鳞，叫她给搓背顶解痒痒了。可是我不敢常劳动她，她的手是洗粗了的。她瘦，被奥袜子熏得常不吃饭。"

老舍自己的妈妈，不就是这样吗？

母亲勤劳、要强、办事认真的美德，从小就影响着老舍。母亲和三姐做活的时候，老舍帮着打下手：递烙铁、看火、送热水和凉水。他为能减轻母亲的一分劳累而高兴。

老舍的一家，祖祖辈辈全是文盲，他哥哥姐姐也从没念过书。老舍 7 岁那年，要强的母亲省吃俭用，把老舍送进了私塾，尔后又上小学。老舍成了舒家乃至姥姥家的头一个识字的孩子。

老舍知道念书挺不容易，所以读书很刻苦。他不像一般八旗子弟那样，爱玩鸟、养鸽子、养鱼、放风筝、斗蝈蝈等，而是钻到书本里去，书本是他的乐园。他偏爱文学，能背诵许多古文和诗词，擅长作文和演说，在同学中学习成绩拔尖。

学校里有些纨袴子弟，看不起这位衣着破旧的穷孩子。老舍没有因此而自卑，他像自己的母亲一样，有眼泪往肚里流，坚定地走自己的路，咬着牙发愤读书。他从来不在衣着饮食上有什么要求。大姐给他做了一双新布袜子，他舍不得穿，仍然穿那满是补丁的旧袜子。中午放学回家，赶上没饭，扭头就回学校，饿着肚子上课。

小学毕业后，老舍考入了北京市第三中学，只上了半年，他又偷偷地考上了北京师范学校。因为师范学校的一切费用，包括制服、饮食、

书本，都由学校供给，可以减轻母亲的负担。考上师范以后，他才高兴地把消息告诉了母亲。

经过五年的刻苦学习，1918年，19岁的老舍以品学兼优的成绩在师范毕业了，被派往方家胡同小学当校长。老舍对母亲说："以后，您可以歇一歇了。"母亲的回答是一串串的眼泪。

老舍爱花，爱清洁，爱整齐，这些习惯都是从母亲那里学来的。父亲生前喜欢养花。父亲去世后，母亲精心灌溉着父亲留下的几盆石榴和夹竹桃。她每天都把屋内外收拾得干干净净，桌面不留灰尘，连破柜门上的铜活也擦得闪光，仿佛在说：别看咱们家穷，可是活得硬朗。母亲浇花的时候，老舍就帮她打水；母亲扫地，老舍就帮她撮土。老舍直到成名和晚年，还坚持自己动手收拾屋子，打水浇花。

老舍热情、好客，待人真挚、诚恳，这些性格也是母亲传给他的。母亲会给婴儿"洗三儿"，会给孩子剃头，会给小媳妇绞脸。凡是她能做的，都是有求必应；谁家有事要帮忙，她总是跑在最前头。老舍成名后对青年人尤其关心，总是求访必见，有信必复。一次，外地一青年作者给老舍寄来习作稿子，他放下手中工作，细心地为他阅稿、复信。当知道这位青年眼睛近视后，老舍又亲自为他配了一副眼镜，并买了一个木盒，把眼镜寄给了这位青年。

老舍在日后谈到他母亲的时候，曾经满怀深情地回忆说：

"从私塾到小学，到中学，我经历过起码有百位教师吧，其中有给我很大影响的，也有毫无影响的。但是我的真正的教师，把性格传给我的，是我的母亲。母亲并不识字，她给我的是生命的教育。"

老舍没有忘记母亲帮人当佣工供自己上学的艰辛日子，没有辜负母亲的辛勤抚育，他一生为母亲那样受苦受累的人民大众发愤写作。建国后17年间，他发表、出版的戏剧、曲艺、论文等作品，总数约300万字，每年为人民贡献近20万字的精神食粮。

母亲一直活到83岁，1941年才去世。母亲在晚年终于欣喜地看到，她的半生辛苦没有白费，小儿子已担任大学教授了，创作了大量长短篇小说，成了蜚声中外的著名作家。

为儿子的事业熬尽心血

我国现代著名作曲家冼星海，生于 1905 年，1945 年逝世。广东番禺人。他先后在北京、上海及法国巴黎学习音乐。1935 年归国后，参加抗日救亡音乐活动。1938 年 11 月赴延安，翌年任鲁迅艺术学院音乐系主任，同年 6 月加入中国共产党。1940 年赴苏联考察，1945 年病逝于莫斯科。他先后创作了《黄河》、《生产》等著名大合唱，《救国军歌》、《到敌人后方去》等 500 多首歌曲，对全国抗日军民起了巨大的鼓舞作用。毛泽东同志称赞他是"人民音乐家"。

冼星海出生在澳门一个穷苦渔民家里。年刚 40 岁的父亲冼喜泰，没等到冼星海降生，便匆匆离开人世。留给孤儿寡母的，只是一张破渔网，两只旧木桨。

冼星海的母亲叫黄苏英，出生在澳门农村，从小经历农业劳动的艰苦磨炼，饱尝海上的风霜，具有顽强的生活意志。丈夫死时她才 33 岁，这位普通劳动妇女，帮人做佣工，吃苦受累，和命运搏斗着。她把对丈夫的怀念，对生活的希望，都寄托在对孩子的爱抚和教育上了。

晚上，劳累了一天的母亲，抱着孩子，哼起了柔和的催眠曲《杨树叶儿》：

> 杨树叶儿哗啦啦，
> 小孩睡觉找妈妈。
> 乖乖宝贝你睡吧，
> 蚂虎子来了我打它。

我儿子，睡着了，

我儿子，睡着了……

小星海渐渐入睡了。这也许是未来音乐家在人世上听到的第一支歌曲。

1912年，7岁的冼星海随母亲飘海去新加坡谋生。黄妈妈省吃俭用，供养儿子上学。母亲职业不固定，收入又低，小星海常常受到失学的威胁，6年里竟换了三所学校。在这里，他读了中国古书，学上了英语，并且爱上了音乐，学弹钢琴。他对外国教师们演奏的铜号、钢琴发生了浓厚的兴趣：为什么他们的指头能发出如此奇妙的声音？为什么小提琴音调缠绵，而铜号却宏亮？母亲无法帮助他解答这些秘密。有时母亲发现孩子深夜未归，出去寻找，发现孩子为了听钢琴，竟倚在人家窗外睡着了。她叹口气，轻轻将孩子抱回家去。

1918年，母亲带着13岁的星海，返回祖国的广州。母子俩在岭南大学对岸的一个小岛上，拣些木板、铁皮，搭起简陋的茅屋。星海无钱上岭南大学附中，只好在基督教教会主办的义学里半工半读。每天放学，星海总要揽来一些脏衣服回家，母亲一把一把地搓洗缝补到半夜，换取一些菲薄的工钱维持生活。少年的星海在贫困中早熟，不愿使母亲过分艰辛，他在学校食堂里兼当杂役。入校不久，星海参加了学校乐队。他利用每一个凌晨和黄昏，勤学苦练，终于成了一个"南国箫手"和青年提琴家。中学毕业后，他在岭南大学里选修一些课程，并担任这所大学的音乐教员，兼任工人夜校的义务教师。

在母亲的辛勤养育下，孩子终于长大成人了。20多年来，母亲一直与儿子相依为命，没有分离过。但是母亲爱孩子，也爱孩子追求的事业。她为了支持冼星海献身音乐的志向，忍受着离别的痛苦，一生中毅然三次给心爱的儿子送行。

1926年，冼星海感到广州已经不能满足他学习音乐的进一步要求了，决心投考北京大学音乐传习所。母亲开始不答应，但她又觉得孩子是有出息的，是能干出一番事业来的，终于下定决心："去吧，孩子，不要为我操心，我能熬得过去！"

冼星海考取了北京大学音乐传习所，照例是半工半读。他一面向留学德国的肖友梅博士学音乐，一面兼任所里图书馆助理员。第二年，上海成立了国立音乐学院，冼星海转学到上海学习。不久，母亲也到上海来了。原来国民党反动派对党领导下的广州起义进行了血腥镇压，当年

星海所教的工人夜校的学员，大部分都在战斗中牺牲了。母亲在这场动乱中饱受惊吓，过不下去了，才来找日夜思念的儿子。星海流着泪听完母亲的叙说，仿佛目睹了这一幕壮烈的历史悲剧，对革命者充满了敬意。

在音乐学院学习期间，星海参加了田汉发起组织的南国社，担负了音乐部的工作。在一次学潮中，冼星海被学校当局开除了。下一步向何处去？星海也曾考虑过找个职业，挣钱养家。母亲用汗水把自己抚养成人，现在该是赡养老人的时候了。可是，母亲为儿子耗尽心血，不只是为了图生活上的安逸。她向儿子表示：只要儿子能完成学业，实现志愿，就是她最大的欣慰。她还可以当佣人，可以等待10年、20年。在母亲的激励下，1929年，冼星海第二次告别母亲，前往巴黎勤工俭学。

冼星海带着母亲的谆谆教诲与殷切期望，为了学艺术，为了生存，在巴黎奋斗了6年。他当过码头工人、饭店侍者、门房守卫、保姆、浴池杂役，甚至拉琴求乞，在失业与饥饿中挣扎着。但是，他想起了苦难的祖国，想起了母亲那刚毅而慈祥的面孔，为了祖国和母亲，有什么克服不了的困难！不管每天多么劳累，他晚间还要继续刻苦学习。他怀着对生活的愤懑，写出一首三重奏曲《风》，获得了巴黎音乐学院的荣誉奖，并考入了巴黎音乐学院，在著名的印象派音乐大师杜卡斯主持的高级作曲班学习。

1935年，冼星海完成了学业回国。在上海北四川路旁的一座破旧亭子间，他见到了分别6年、年逾花甲的母亲："好妈妈，您为我受苦了！"点点心酸的眼泪，滴落在母亲的白发上。他发誓要用自己所学的本领为祖国服务，好好侍候母亲。然而，严酷的现实是，他连个工作也找不到，吃的仍是年迈的母亲做佣工挣来的饭食。"祖国，你的出路在哪里？"

就在冼星海为祖国前途忧心忡忡的时候，这年冬天，"一二·九"运动爆发了。冼星海精神振奋，斗志昂扬，参加了斗争的行列，谱写出"枪口对外，齐步前进"的《救国军歌》等许多抗日救亡歌曲。他的歌曲反映了人民的心声，传遍了大江南北，鼓舞着千百万人抗日的坚强斗志。他感慨地说："从此我找到了音乐为祖国服务的道路！"

回国后，冼星海曾向母亲发誓："我再也不离开您了。"可是，1937

年秋，抗日战争爆发了。国难当头，又怎能为母子团圆而忘记千万个苦难的母亲？"八一三"上海抗战后，冼星海毅然参加了上海地下党组织的救亡演剧队，奔赴内地宣传抗日。夜里，母亲噙着眼泪，又一次为儿子缝补征衣。

"好妈妈，我要去，要带着您的慈爱，您的鼓励，您的安慰，把《杨树叶儿》唱给千千万万需要抚爱的人听。"儿子努力安慰母亲。

"我明白，你也不是我一个人的儿子。"妈妈忍着悲痛，凝视着儿子的眼睛说："放心去吧，我受得了，我等着，等着……等着听到你的工作得到更大的成绩，等着你再回到我的身边来。"

就这样，冼星海第三次辞别了母亲，同救亡演剧队的战友们一道，沿着沪宁、津浦、京汉铁路线一路宣传。到武汉后，他在周恩来和郭沫若领导的政治部第三厅任音乐科科长，创作了著名的《在太行山上》、《到敌人后方去》等抗日歌曲。不久，他应延安鲁迅艺术学院的聘请，就任音乐系主任。

临赴延安前，冼星海收到母亲辗转寄来的信。这位在沦陷区孤独而艰难地过活的老人，把能当卖的东西都当卖了，但她始终舍不得把唯一值钱的钢琴卖掉，还想留着等儿子回来时用。老人没有一句怨言。她希望儿子"好好地做生意，不要挂念家中的生活"。她还随信寄来一包棉衣，那密密层层的针线，缝进了母亲的一片深情厚意。

1938年秋，冼星海穿上母亲寄来的冬衣，奔赴向往已久的革命圣地。在延安的1年多的时间里，他加入了中国共产党，谱写了《黄河大合唱》等6部大合唱和几十首歌曲，培养了一批音乐干部。

抗战胜利前夕，劳碌一生的母亲，在为人当佣工的凄惨境况下死去了。她临终前也没能再见到日日夜夜想念的惟一亲骨肉。值得她欣慰的是，儿子没有辜负母亲的养育与教诲，终于成为人民的音乐家。儿子谱写的战斗歌曲，将一代一代传下去。

无限的信任与支持

我国现代著名女作家丁玲，原名蒋冰之，笔名彬芷、丛喧等。1904年出生于湖南省临澧，长于常德，曾在常德、长沙、北京、上海读过书。1927年开始创作，1932年参加中国共产党。她创作的长篇小说《太阳照在桑干河上》，荣获斯大林文艺奖二等奖。新中国成立后，丁玲曾任中宣部文艺处处长、中国作家协会副主席、党组书记等。1979年被补选为政协全国委员会委员。

丁玲在回忆少年时代的成长过程时，曾深情地谈到："母亲一生的奋斗，对我也是最好的教育。她是一个坚强、热情、勤奋、努力、能吃苦又豁达的妇女，是一个伟大的母亲。"这位母亲曾对丁玲走上革命道路与文学道路，给以"无限的信任与支持"。

丁玲的父亲是一位多病、有才华，但意志消沉的大家子弟，他在丁玲幼年时代就死了。母亲带着5岁的女儿，寄居在常德舅舅家。

母亲姓余，后改名蒋胜眉，字慕唐，出生于常德县一个书香门第，是一位具有浓厚的民主主义思想的有文化教养的妇女。她喜爱文学，能写诗作画，常向年幼的女儿口授唐诗。丁玲小时候就能背诵几十首唐诗，并读过不少古典小说。母亲还满怀义愤，向女儿讲述女革命家秋瑾为反清而壮烈牺牲和法兰西革命女杰罗兰夫人的事迹，这在丁玲幼小的心灵里，很早就播下了反封建思想的种子。

1911年初，小县城常德也酝酿着革命风暴。在几个从日本学习法政回国的年轻人的倡导下，新成立的常德女子师范开学了。年已33岁的守寡的母亲毅然上了师范班，并且让7岁的丁玲也上了该校附设的幼稚班。母女同校念书，在当地一时成了美谈。丁玲和表姐、表兄弟每天随着母亲上学，街道两旁常常有人从大门缝里向外张望，都觉得这事很新奇。有些亲戚、族人还在背后叽叽喳喳地议论："一个名门的年轻寡妇这样抛头露面，成何体统！"但母亲从来不理睬这些流言蜚语，每天到校上课，回家灯下攻读。

母亲在学校还广泛结交女友。她和6位过从甚密的女友结拜干姐妹，其宗旨是："誓同心愿，立志读书，振奋女子志气，争取男女平等，以求教育救国。"7人中年龄最大的是丁玲的母亲，最小的就是后来参加共产党的著名的妇女领袖向警予同志。向警予同志那时才17岁，很有抱负。丁玲母亲非常敬重她，常对丁玲说："要多向九姨（向警予在家里排行第九）学习。"

母亲在常德女子师范和长沙稻田第一女子师范学校读了两年书，后来回到常德女子小学担任学监。这是一所古庙改成的学校，丁玲随母亲在学校上学。母亲在教课之余，亲自教丁玲读《古文观止》、《论语》、《孟子》等书，使丁玲从小博览群书，打下了深厚的文学基础。向警予那时在长沙上学，她放假回家时，常坐小火轮经过常德，把在长沙听到的、看到的、经历过的种种新闻讲给丁玲的母亲听，向她介绍唯物史观、解放工农等革命道理。母亲总是如饥似渴地把这些新思想吸收过来，指导自己的行动，并用来教育丁玲和她的学生们。那时丁玲除了母亲以外，最敬重的就是九姨了。

1918年夏，14岁的丁玲以优异的成绩从小学毕业了。暑假中，母亲送她到桃源县报考第二女子师范学校。那时，学校要学生缴纳保证金，母亲没钱，留下一枚金戒指，托女管理员变卖。那位女管理员将戒指卖后，把交保证金余下的3元多钱交给丁玲，说："你妈妈生活很艰苦，送你上学可不容易，这钱可不能乱花。"丁玲拿着这些钱，想着这些年来母女俩的困苦生活，眼里含着泪花。她小心地把钱放在小木箱里，用换洗衣服压着，一直没舍得花，到寒假回常德时才用了几角钱做路费。

正当学期快结束时，伟大的"五四"爱国运动爆发了，同学们上街游行，丁玲也投入了这场斗争。她从小受母亲思想的影响，带头把辫发剪了。学生会还办了贫民学校，向附近的贫苦妇女宣传反帝反封建的革命道理，给她们上识字课。丁玲在夜校里教珠算，因为她年龄最小，学员们都管她叫"崽崽先生"。

暑假回到家，舅妈一看见她剪了发，冷冷地说："古人说，身体发肤，授之父母，不可毁伤。"舅妈用封建的孝道管教她，丁玲不服，不客气地回答说："既然不可毁伤，你的耳朵为何要穿眼，你的脚为什么要裹得像个粽子？你那是束缚，我这是解放！"丁玲高兴地向母亲讲述学校的各种新鲜事，母亲看女儿在思想上、学业上都有进步，非常欣慰。母亲也自豪地告诉女儿，在"五四"运动中，她领着学生游行、喊口号，参加各种活动。去年她辞去省立女子高小管理员的职位，专办妇女俭德会附属小学。如今她除了继续办俭德女子小学以外，又在东门外为贫苦女孩办了一个小小的"工读互助团"，学生可以不交学费学文化，还可以得点工钱补助家庭。母亲受向警予寄来的书信文章的激励，常常阅读《新青年》等进步书刊，积极参加社会工作。丁玲看见母亲虽年已四十，却热情洋溢，精神饱满，公而忘私，向往未来，也感到高兴、放心，并且也受到鼓舞。

暑假过后，丁玲向母亲提出一个要求，希望转到长沙周南女子中学去。这所女子中学是湖南有名的学校，向警予、蔡畅都是这个学校出来的。"五四"运动期间这所学校也很活跃。母亲始终是信任和支持女儿的，只是这所学校是私立的，要学费、膳宿费、书籍纸张费，这在母亲微薄的薪金中，自然是笔不小的开支。但是，母亲考虑女儿的前途，仍然答应了女儿的要求，并且亲自送女儿去长沙。丁玲在周南读完二年级，因不堪校长阻碍学生参加社会活动，又转到岳云中学。

第二年，在进步同学的影响下，丁玲征得母亲的同意，放弃了在岳云即将得到的毕业文凭，远去上海，进了陈独秀、李达等共产党人创办的上海平民女校，在这里接受了共产党的教育。1923年暑假，丁玲在上海又见到向警予同志，她非常崇敬这位女共产党员。向警予同丁玲谈起她母亲时说："你母亲是一个非凡的人，是一个有理想、有毅力的妇女。

她非常困苦，她为环境所囿，不容易有大的作为，她是把全部希望寄托在你身上的。"向警予这一番话，深深地打动了丁玲的心，始终激励着她奋发向上。

抗战前后，丁玲奔赴延安参加革命。母亲在家乡漂流，她在信中总是勉励丁玲努力工作。1941年春节前夕，母亲写了一首律诗：

> 雪花拂面腊尽时，蹒行山径意迟迟。
> 怕看桃符除旧岁，喜听松风似马嘶。
> 地图变色何日复，天道循环定有期。
> 壮志凌云空怅恨，投笔请缨少人知。

这首诗，表达了她对民族危亡的极大关注，也抒发了她壮志难酬的怅恨。丁玲看了，受到极大的激励和鼓舞，更加坚定了走革命道路的决心和信心。

母亲熬过了10多年的贫困流浪生活，终于迎来了新中国的诞生，解放后来到北京与女儿团聚。这位70多岁的老人，虽年迈体衰，但兴致勃勃，还要求参加工作，希望争取加入中国共产党组织。1953年她在北京逝世，终年75岁。

1978年，丁玲已经是一位74岁的老人了，可是她仍然深深地怀念着母亲。她在一篇文章中写道："感谢我妈对我的信任和支持。不管我以后有什么成就，走了多少曲折的道路，但我妈的信任是永远对我的鼓励，我永远为她而战斗不息地努力，不敢自息。"

妈妈和老师

　　毛岸英是伟大领袖毛泽东同志的长子，1922 年生于湖南长沙。在父亲和母亲杨开慧的教育下，经过革命实践锻炼，成长为一位无产阶级革命战士。1950 年在抗美援朝战争中英勇牺牲，年仅 28 岁。

　　岸英小时候，父亲全身心地领导中国人民的革命战争，很少能有机会和他们兄弟生活在一起。抚养教育他们的责任，主要由母亲杨开慧承担。

　　杨开慧早年追求革命真理，反对封建礼教，在长沙积极参加革命活动。1920 年加入中国社会主义青年团，1921 年加入中国共产党。曾在中共湘区委员会负责机要兼交通联络工作。1923 年至 1927 年随毛泽东在上海、韶山、武汉等地开展工人运动、农民运动和妇女运动。第一次国内革命战争失败后，党派她在家乡长沙板仓一带坚持地下斗争。1930 年 10 月，因叛徒告密被国民党反动派逮捕，在狱中受尽酷刑，坚贞不屈。同年 11 月在长沙壮烈牺牲。1957 年毛泽东写了《蝶恋花·答李淑一》词，对她做了热情的赞扬。

　　1927 年，杨开慧离开毛泽东同志，带着孩子回到自己的故乡板仓以后，边从事革命活动，边独自抚养、教育岸英、岸青兄弟二人。从那个时候起，她就担当起妈妈和教师的责任。

　　杨开慧出生于书香门第，从小受父亲杨怀中教授的教导，颇有学识，能写一笔潇洒苍劲的毛笔字。她不但教孩子们认字，还教他们练习毛笔字。她先叫孩子们仿照柳公权的帖临摹，渐渐地要他们离开字帖每天写两个字，每个字写 30 遍。孩子写累了，杨开慧便替他们活动活动手指和腕关节。为了鼓励孩子，她用红笔在写得好的大字旁，画一个圆圈。每逢这时，岸英便兴奋地跳着说："妈妈让我吃红蛋蛋了！"

岸英 7 岁那年，进了小学。每次放学回家，妈妈总要问他："今天老师教了哪几个字，是什么意思呀？"岸英在石板上一笔一画地认真写出来，妈妈帮他纠正笔画。在妈妈的辅导下，岸英的毛笔字写得很流利。有时，他仰起小脸对妈妈说："妈妈，我把毛笔字练得好好的，给爸爸写信，你说好不好？"妈妈凝视着儿子，心中漾起一股暖流，她亲着儿子的小脸蛋微笑着说："好！好！岸英真是妈妈的好孩子。等你长大了，要像爸爸一样，为穷人打天下。"岸英聪明地点点头，把小拳头捏得紧紧的。

每到晚上，杨开慧便教孩子们念儿歌，唱革命歌曲，给孩子们讲革命故事。她认为，这样不仅可以使孩子增长知识、本领，而且还可以提高孩子的思想觉悟，培养孩子的革命品质。像儿歌："大羊跑，小羊跑，大羊跑上桥，黑狗跑来咬，大羊用角顶，黑狗跌下桥。"像革命歌曲："打倒土豪，打倒土豪，除军阀，除军阀……"孩子们早早就学会了。为了使孩子们对革命故事记得牢，理解得深，杨开慧每次在讲新故事之前，总要问一问孩子，上次讲的故事听懂了没有？忘记了没有？

一天晚上，没有一丝风，大穹深处，星光闪烁，静静地高瞩着地面，愉快地预报着明天的好天气。杨开慧把孩子们领到院子里，刚坐下来，孩子们不等她问话，就急忙喊道："妈妈，你上次讲的故事，我们听懂了，你快讲新的吧！"

杨开慧慈爱地抚摸着孩子，笑着问："好孩子，你们能不能给妈妈说一说，你们懂得了什么？"

原来，上一次杨开慧给孩子们讲了一个工农联合起来打土豪劣绅的故事。杨开慧开始讲的时候，孩子们听不懂，睁着眼睛天真地问："妈妈，土豪劣绅的嘴有多大呀？为什么能吃那么多人？""妈妈，那个叫'工农'的人为什么有那么大力气，把三座大山都能推翻？"听了孩子的问话，她高兴地笑了，感到孩子的求知欲望是多么的强烈呀，多么需要自己去启迪他们的心灵，指引他们向上。她望着纯洁可爱的儿子，耐心、生动、形象地把故事讲完，回答了他们的问题。

现在，孩子们听妈妈问他们，便争着说起来。她看到，革命的种子已经在孩子们幼小的心田里生根发芽，心里特别高兴。

1930年10月，杨开慧不幸被国民党反动派逮捕，8岁的岸英也被带入监狱。在狱中，杨开慧英勇不屈，受到残酷地折磨，她忍着疼痛教育岸英说："孩子，要记住，爸爸正在井冈山打白匪，妈妈受苦受难也是为了穷人。等你长大了，是会有好日子的。"

11月14日，杨开慧同志惨遭杀害。临刑前，她镇静地告诫儿子："伢子，记住；血债要用血来还！长大了好好为穷人解放而斗争！"

岸英幼小的心灵里种下了为妈妈报仇雪恨的种子，他多么想一下子长大，把敌人统统抓起来。20多天后，敌人才将折磨得骨瘦如柴的毛岸英释放出狱。

后来，岸英兄弟流落上海街头，靠卖报维持生活，受尽千辛万苦。就在那种艰难困苦的条件下，他们兄弟俩还用卖报赚来的钱买了字典，读书学习。

1936年初，上海地下党组织派人在上海街头找到了岸英兄弟。1937年初，送岸英兄弟到了苏联。

在苏联学习、生活期间，父亲毛泽东在百忙中常常抽时间给他们写信，勉励他们要刻苦努力，好好学习；提醒他们，不要坐享其成，不要目空一切，骄傲自满。

1946年2月，毛岸英结束了在苏联的学习，从莫斯科回到了延安。

毛岸英身材高大，生气勃勃，精力充沛，身穿一身蓝色闪亮的条纹西装，显得格外英俊魁梧。父子分别19个年头，久别重逢，按人之常情，父亲应把儿子留在身边。但毛泽东同志没有那么做。不久，便送儿子到农村。他对儿子说："你在苏联的大学毕业了，吃了不少社会主义的面包，还参加过苏联卫国战争；但是，你对中国的事情还不熟悉，而且学的只是书本上的知识，只是知识的一半，缺乏实践，这是不完全的。你还需要上另一个大学，这个大学中国过去没有，外国也没有，这就是'劳动大学'。"

　　毛岸英明白父亲的意思。第二天，岸英脱去西装、皮鞋，换上父亲送给他的旧军装、布底鞋，愉快地到模范村吴家园去上"劳动大学"。后来，又参加了土改工作团。

　　1949年10月1日，中华人民共和国诞生了。毛岸英亲耳聆听了父亲那震撼世界的宣言：

　　"占人类总数四分之一的中国人从此站立起来了！"

　　此刻，岸英思绪万千，心情激动，他想起亲爱的妈妈，耳边仿佛又听见妈妈那镇静的嘱托："伢子，记住：血债要用血来还！"眼前好像又看见妈妈流淌在刑场上的鲜血。多少年来，妈妈的谆谆教诲，英雄气概，时刻都在激励他奋斗、拼搏、前进、向上。他决心在以后的革命和建设中，继续努力，为共产主义事业奋斗终生。

　　1950年初，毛岸英决心参加抗美援朝战争，他把自己的想法告诉了父亲。毛泽东称赞儿子有志气，有勇气，有抱负，他热情地支持儿子到朝鲜前线。后来，毛岸英在战争中献出了自己年轻而宝贵的生命。他不愧是毛泽东、杨开慧同志的好儿子，也不愧是中国人民的好儿子。